CONSULTATION

POUR

LA VEUVE ET LES FILS

DU MARÉCHAL NEY.

CONSULTATION

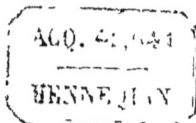

POUR

LA VEUVE ET LES FILS

DU MARÉCHAL NEY.

PARIS.

IMPRIMERIE D'HIPPOLYTE TILLIARD,

RUE DE LA HARPE, N° 88

1832.

Requête au Roi,

EN SON CONSEIL DES MINISTRES,

PAR

LA VEUVE ET LES ENFANTS DU MARÉCHAL NEY.

Sire,

Puisque *toute justice émane du Roi*, c'est au Roi que nous demandons justice.

Michel Ney, duc d'Elchingen, prince de la Moskowa, maréchal et pair de France, a été condamné à mort, par arrêt de la Cour des Pairs, du 6 décembre 1815, et cet arrêt a été exécuté le lendemain.

Son accusation a été portée au mépris et en violation flagrante de la convention militaire, du 3 juillet 1815, dont l'article 12 était ainsi conçu : « Seront pareillement respec-
» tées les personnes et les propriétés particulières. Les habi-
» tants, et en GÉNÉRAL TOUS LES INDIVIDUS qui se trou-
» vent dans la Capitale, continueront à jouir de leurs droits
» et libertés, *sans pouvoir être inquiétés ni recherchés en*
» RIEN, relativement aux *fonctions* qu'ils occupent ou *au-*
» *raient occupées*, à leur conduite et à leurs opinions politi-
» ques. »

Pour plus de sûreté, on ajouta l'article 15 portant ce qui suit : « S'il survient des difficultés sur l'exécution de quel-
» qu'un des articles de la présente convention, l'interpréta-

» tion en sera faite *en faveur de l'armée française et de la*
» *ville de Paris.* »

Le général en chef de l'armée française, maréchal Davoust, prince d'Ekmulh, les plénipotentiaires chargés de la négociation, le général comte Guilleminot, le comte de Boudy, préfet de la Seine, M. Bignon, cités comme témoins au procès, ont déclaré que cet article est celui sur lequel il fut recommandé d'insister le plus fortement, et qu'il y avait ordre de *rompre la conférence, si ce point n'était pas accordé sans restriction.* Il le fut. C'est cet article, a dit, devant la Chambre des Pairs, le comte Guilleminot, qui nous a fait tomber les armes des mains.

Cet article élevait donc une *fin de non-recevoir* insurmontable contre toute réaction, toute accusation politique. Il devenait ainsi un moyen préjudiciel, décisif et péremptoire, de la défense du maréchal, contre l'accusation capitale dirigée contre lui devant la Cour des Pairs.

Mais par un premier arrêt interlocutoire, rendu hors la présence des avocats de l'accusé, sans les avoir entendus sur l'incident *et lors duquel les voix furent prises, mais ne furent pas comptées*, la Cour des Pairs décida qu'ils ne seraient pas reçus à présenter ce moyen de défense.

Malgré l'arrêt, les défenseurs de l'accusé ont essayé d'élever la voix : mais ils ont été interrompus par le président de la Cour et par l'accusateur!.... C'est alors que M. le maréchal Ney, se levant, mit lui-même un terme à cette lutte, en disant : « Jusqu'ici, ma défense a paru libre; je m'aperçois » qu'on l'entrave à l'instant. Je remercie mes généreux dé- » fenseurs de ce qu'ils ont fait et de ce qu'ils sont prêts à » faire encore; mais je les prie de cesser plutôt de me dé- » fendre tout-à-fait que de me défendre imparfaitement ; » j'aime mieux n'être pas défendu du tout que de n'avoir » qu'un simulacre de défense. »

« Je suis accusé contre la foi des traités, et on ne veut pas
» que je les invoque !

« ... J'EN APPELLE à l'Europe; à la postérité ! »

Cette protestation, cet appel, ce cri testamentaire du maréchal, il est du devoir de sa famille, de la piété de sa veuve
et de ses fils, de les relever à une époque où l'heure de la
justice semble enfin être arrivée !

Ils supplient donc Votre Majesté, dont l'intérêt s'est ma
nifesté pour eux, dans ces jours de deuil, d'ordonner, à
présent qu'elle est placée sur le trône des Français, *la solennelle révision d'un arrêt ainsi rendu contre la foi des traités,
et sans que la défense fût libre.*

Le principal moyen de révision est fondé sur ce que la Cour
des Pairs a empêché de proposer la fin de non-recevoir résultant de la convention du 3 juillet. Elle l'a jugé ainsi, sous
le prétexte que cette convention était étrangère à Louis XVIII,
et que son gouvernement n'était pas tenu de la reconnaître
et de l'exécuter. La Cour a été induite en erreur, à cet égard,
par une note diplomatique, fournie par l'étranger, et par les
assertions du ministère d'alors et de l'accusation. Mais la *fausseté* de cette allégation est aujourd'hui démontrée.

Or, la révision est autorisée précisément pour le cas de
faux témoignage, par l'art. 445 du Code d'instruction criminelle.

Mais, indépendamment de cette ouverture légale de révision, qui offre à la famille un droit rigoureux et absolu de
la requérir, il est un autre moyen qui, dans tous les cas, ne
peut manquer aux exposants.

Tous les précédents, nés de l'application du Code d'instruction criminelle qui nous régit actuellement, pratiqués par le
gouvernement même qui a fait rédiger et promulguer ce
Code, et appliqués par des magistrats dont plusieurs avaient
concouru à sa confection, tous ces précédents attestent qu'à

8

côté du droit absolu de demander la révision, dans les cas littéralement prévus par le Code, le chef de l'État, comme régulateur des juridictions, et par une utile modification de son droit absolu de remettre les condamnations, a aussi le droit d'ordonner la *révision gracieuse* des procès criminels, dans certaines circonstances particulières. Cette doctrine, professée par les criminalistes, notamment par M. Carnot, a été mise en pratique par lettres patentes de Napoléon, en date du 20 décembre 1813, enregistrées avec solennité par arrêt de la Cour de cassation, du 8 janvier 1814, dans une affaire fort ordinaire et bien moins favorable que celle du maréchal Ney !...

Ainsi, ce second moyen vient, à l'appui du premier, pour assurer le succès de la demande des exposants.

A ces causes, et par ces considérations, les exposants concluent à ce qu'il plaise à *Votre Majesté*, dire et ordonner que l'arrêt rendu par la Cour des Pairs contre le maréchal Ney, le 6 décembre 1815, sera, ainsi que l'arrêt préparatoire qui a précédé, et la procédure qui y a donné lieu, soumis à la révision de la Cour des Pairs, pour être statué par elle ainsi qu'il appartiendra; à cette fin, ordonner que la Chambre des Pairs se constituera en Cour de Justice, et commettre procureur général pour répondre aux conclusions qui seront prises par les exposants, lesquels se réservent de faire, dire et requérir devant ladite Cour, régulièrement constituée, tout ce qui era de leur droit et de leur devoir.

Et ainsi faisant, SIRE, VOUS FEREZ JUSTICE.

Paris, ce 23 novembre 1831.

La maréchale NEY, princesse de la MOSKOWA,
Le prince de la MOSKOWA,
Le duc D'ELCHINGEN,
EUGÈNE NEY,
EDGAR NEY.

CONSULTATION

POUR

LA VEUVE ET LES FILS

DU MARÉCHAL NEY.

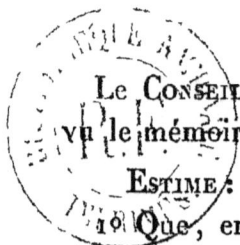

———◦———

Le Conseil soussigné, vu la requête au Roi, vu le mémoire à consulter ;

Estime :

1º Que, en droit rigoureux, et aux termes de l'article 445 du Code d'instruction criminelle, la requête en révision doit être admise.

2º Subsidiairement, que le Roi peut, hors des cas déterminés par la loi, ordonner la révision gracieuse.

3º Que la Cour des pairs seule peut être saisie du procès en révision.

Faits.

Napoléon venait d'être une seconde fois ren=
versé ; les Bourbons avaient repris possession du
trône. Il fallait une victime aux fureurs d'une se=
conde restauration : la haine et la colère se sont
entendues pour briser une existence *qui valait au
pays une armée ;* le maréchal Ney a été sacrifié.

Une convention militaire , signée de toutes les
puissances, obligatoire pour le gouvernement fran=
çais lui-même , protégeait sa tête ; cette conven=
tion a été écartée.

Elle l'a été , sur la foi d'une note diplomatique ;
Sur la foi d'une déclaration ministérielle ;
Sur le témoignage solennel de l'accusation.

Cette note , cette déclaration , ce témoignage
attestaient que la convention était étrangère à
Louis XVIII, et que son gouvernement n'était pas
tenu de la réconnaître et de l'exécuter.

Il appartenait à la défense de discuter ces té=
moins officiels ou officieux , de prouver la fausseté
de leurs témoignages , d'éclairer la Cour enfin.

La défense n'a point été entendue ; la Cour, con=
sacrant l'erreur ou le mensonge , a imposé silence
aux défenseurs dont l'éloquente voix voulait op=
poser aux passions politiques une infranchissable
barrière. La convention militaire a été rejetée des
débats.

J'en appelle à l'Europe et à la postérité, s'est écrié le Maréchal !.... Ses paroles ont été recueillies ; elles sont pour sa famille un héritage sacré qui ne sera point déserté.

Tant que la restauration a foulé le sol de France, tant que la pensée nationale a été entravée et flétrie, la veuve et les fils du maréchal Ney ont dû envelopper sa tombe d'une obscurité qui n'a pas été sans gloire.

Le pouvoir, fuyant devant la terreur du cercueil, ne permettait pas l'érection d'un mausolée à une illustre mémoire : quelle justice pouvait-on en attendre ?

Seize ans se sont écoulés ainsi. Pendant seize ans, les larmes ont été stériles ; la piété filiale s'est trouvée sans force et sans action ; le sentiment du devoir, si actif et si sacré, s'est irrité de sa propre impuissance. Pendant seize ans, la mémoire du Maréchal n'a été défendue que par une protestation solennelle qui la protégeait par le doute, mais ne la vengeait point.

Enfin, la restauration a disparu sous les débris de la Charte octroyée. La France a pu croire alors à la renaissance de sa force et de sa nationalité, longtemps compromise. La veuve et les fils du Maréchal se sont associés à cette pensée ; ils ont salué, avec bonheur, les grandes journées qui, au milieu de tant de bienfaits promis, semblaient devoir faire luire pour eux, en particulier, le jour d'une grande justice.

La requête en révision a été déposée entre les mains du Roi.

Cette requête présente trois questions.

1º L'art. 445 est-il applicable? En droit rigoureux la révision doit-elle être admise?

2º Subsidiairement, le roi peut-il, hors des cas déterminés par la loi, ordonner la révision gracieuse?

3º A quelle Cour sera porté le procès en révision?

Nous subdiviserons la première question en deux paragraphes. Dans le premier, nous examinerons si l'art. 445 est applicable; dans le second nous rechercherons si, l'article étant applicable, il doit entraîner la révision même d'un arrêt rendu par la Cour des Pairs.

PREMIÈRE QUESTION.

La révision, en droit rigoureux, doit être admise.

§ 1er.

L'art. 445 est applicable.

Avant de discuter les termes mêmes de cet article, il nous paraît utile d'éclairer le principe qu'il formule, par l'histoire et par le développement de quelques idées générales. Les bases de l'interprétation une fois posées, l'interprétation elle-même sera plus facile et plus juste.

La révision, dont nous rechercherons plus tard le principe, s'associe dans la législation de tous les peuples aux institutions judiciaires.

S'agit-il d'intérêts pécuniaires? Elle apparaît sous le nom d'appels.

S'agit-il d'intérêts plus graves, de la vie, de l'honneur? elle apparaît sous le nom spécial de *ré-vision*.

La révision est fondée sur une haute vérité philosophique; à ce titre, elle ne pouvait être méconnue des jurisconsultes philosophes de l'ancienne Rome; aussi existe-t-elle dans le droit romain, sous le double point de vue qui vient d'être indiqué (L. 1, ff. *de appel.*—L. 1, Cod. *de sent., præf. præt.*)

Si l'on jette les regards sur les différentes époques de la législation française, on la retrouve encore.

L'ordonnance de 1670 a sur-tout précisé le droit de révision. Sous l'empire de cette ordonnance, justifiait-on d'une condamnation prononcée sur de faux titres, sur la déposition de faux témoins, sur de faux indices; en termes plus généraux, l'innocence du condamné se trouvait-elle établie de quelque manière que ce fut; des lettres de révision étaient accordées. Il y avait, il faut en convenir, dans cette interprétation large d'un droit sacré, une appréciation juste et logique de sa nature et des effets qu'il doit produire.

Lorsque la loi de 1791 introduisit en France l'institution du jury, on parut croire que la révision était incompatible avec ce système.

Cette opinion s'explique.

L'institution était nouvelle, alors, et se présentait aux esprits avec toutes les séductions de la nouveauté; il semblait qu'avec le jury on eût trouvé le secret de l'infaillibilité humaine. Ce fut à ce point qu'on alla jusqu'à penser que, par le seul fait de la création du jury, ceux-là même qui avaient été condamnés, avant la loi de 91, devaient, par une rétroactivité inexplicable, être privés du droit de révision.

C'était là de l'enthousiasme et non de la raison.

L'Assemblée nationale décréta la non rétroactivité.

Quoi qu'il en soit, le droit de révision resta comme suspendu.

Une législation qui n'ordonne pas la réparation d'une erreur, même lorsqu'elle porte atteinte à la vie d'un homme, est une législation mauvaise; on le comprit.

Une loi, du 13 mai 1793, admit donc la révision dans le cas de deux condamnations contradictoires et inconciliables.

Le droit de grâce rendu au chef du gouvernement, par le sénatus-consulte du 14 thermidor an x, se plaça bientôt à côté du droit de révision, sans pour cela l'exclure.

Enfin fut promulgué le Code d'instruction criminelle qui renoua tout-à-fait la chaîne des traditions, un moment interrompue.

Ainsi, l'histoire de la législation nous présente dans la révision un fait nécessaire, invariable, indestructible comme la justice elle-même. Cette vérité doit avoir son influence sur le sens à donner à l'art. 445.

Allons plus avant ; de l'effet, remontons à la cause. L'histoire raconte des faits, ces faits ne sont que la réalisation matérielle des principes ; là, donc, où un fait apparait *invariable* à toutes les époques de la législation, il doit exister un principe fixe, immortel et qui soit, pour la société, une loi même de son existence ; or c'est ce principe qu'il faut saisir à sa source.

Tous les devoirs de la société envers l'homme qui vit dans son sein, sous l'empire et sous la sauvegarde de ses lois, peuvent se résumer dans cet axiome : *Rendre justice.*

Rendre justice, c'est, la vérité du droit étant certaine et reconnue, proclamer cette vérité, la protéger, l'imposer à tous comme respectable et sacrée.

Tout jugement a donc pour objet la vérité ; pour fondement, la certitude ; la justice n'est autre chose que la réunion de ces deux faits.

Il n'y a point de justice possible là où le juge ignore, est trompé ou ment à sa conscience. Ses

actes sont des actes de force ; c'est le désordre se ca-
chant sous les formes de la légalité.

Un jugement qui, par erreur, ignorance ou mauvaise foi du juge, porte atteinte aux droits d'un
homme, n'est pas seulement nuisible à cet homme,
il attaque la société tout entière ; car il détruit la
plus haute des garanties sur lesquelles elle se fonde.

Il y a donc non-seulement convenance, utilité,
mais nécessité absolue de réparer l'erreur, quelle
qu'en soit la cause.

La révision étant une conséquence logique du
principe que nous venons de reconnaître, la législa-
lation a dû l'adopter.

Elle l'a dû ; car en la repoussant, elle proclamait
l'impossible, c'est-à-dire, l'infaillibilité humaine.

« Juger comme des êtres bornés, et punir comme
» des êtres infaillibles, c'est, dit Bentham, incon-
» séquence et faiblesse.

» L'erreur, soit volontaire, soit involontaire, étant
» toujours possible, dit M. Rossi, le législateur a le
» devoir de ne point négliger les moyens de la ré-
» parer. Les voies de recours et de grâce sont le
» complément de la justice humaine. »

En développant cette doctrine, jusque dans ses
dernières conséquences, on serait sans doute con-
duit à dire qu'un jugement est toujours attaquable,
puisque l'erreur est toujours présumable dans un
juge toujours faillible ; mais toute vérité absolue se

modifie nécessairement par l'utilité pratique : de là, en matière civile, la fiction de la chose jugée, fiction ingénieuse qui n'exclut pas le principe *au reste*, car elle le prend pour base : *Res judicata* PRO VERITATE *habetur.*

De là aussi, en matière criminelle, des formalités, des entraves, des cas réservés ; mais qu'on ne croie pas que ces formalités, ces entraves, le législateur les ait créées dans le but de détruire ou même de restreindre le droit ; il a voulu seulement empêcher le scandale d'une réclamation injuste ou futile.

Autant donc le droit de révision doit être largement conçu, autant on doit interpréter avec réserve, au contraire, les obstacles légaux dont il peut être environné.

L'utilité pratique peut modifier le droit, mais non le détruire et usurper sa place. La vérité est dans la conciliation bien raisonnée de l'absolu et de l'utile.

Qu'on ne perde pas de vue, d'ailleurs, que la révision est une garantie sociale, et une garantie d'autant plus sainte qu'elle protége l'homme au moment où toutes les autres garanties semblent l'abandonner. Quelle ressource reste donc, en effet, au condamné déclaré infâme, exclus de la société ? une seule, la révision ; par elle, par elle seule, il recouvre ses droits violés ou il périt victime de l'erreur.

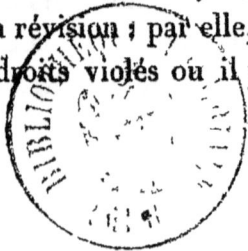

2

En résumé, que l'on considère la révision dans son principe, dans ses effets, dans ses développements historiques, toujours elle se présente comme une nécessité logique, comme une garantie sociale. Là où elle manquera, il y aura un principe de désordre.

C'est sous l'influence de ces vérités, que nous donnent la philosophie et l'histoire, que l'article 445 doit être examiné.

Défendre la mémoire d'un homme illustre, c'est défendre un intérêt national ; or, dans un tel procès, les disputes étroites, les subtilités de texte doivent être soigneusement écartées.

Cela posé, notre opinion sur l'article 445 va se développer aisément ; nous n'avons plus en quelque sorte qu'à tirer des conséquences de nos prémisses.

Toute requête en révision suppose une erreur à réparer.

Or, l'arrêt de la Cour des pairs est-il fondé sur une erreur ? Oui.

Cette erreur, en quoi consiste-t-elle ? En ce qu'une capitulation, qui couvrait de son égide le maréchal accusé, a été écartée, comme inapplicable.

Quelle a été la cause de cette erreur ? Une fausse déclaration, de faux témoignages que la Cour des pairs a consacrés par un arrêt rendu sans discussion contradictoire, péripétie terrible d'un drame sanglant.

Cette erreur, la défense a-t-elle pu la combattre ? Non.

Et si, à temps, l'erreur avait été reconnue ?..... LE MARÉCHAL VIVRAIT ! !....

Ainsi, erreur produite par de fausses déclarations, voilà la cause de l'arrêt de mort que la veuve et les fils du maréchal Ney veulent arracher des archives du Luxembourg.

Eh bien, en présence de ce fait, plaçons l'article 445.

La loi, admettant la révision, il est bien clair qu'elle veut frapper l'erreur en elle-même, qu'elle a pour but de porter remède à une mauvaise justice, c'est-à-dire, de réparer le plus grand des désordres. Là donc où sera le siége de l'erreur, là évidemment sera la cause légitime de la révision. Or, dans l'hypothèse de l'art. 445, celle de faux témoignage, où est le siége de l'erreur ? Dans l'agent ? non, évidemment ; mais dans sa déposition seule, dans le faux témoignage rendu. Que ce faux témoignage soit le résultat d'un calcul, d'une combinaison coupable, ou qu'il ait été porté sans intention criminelle, il n'en est pas moins un faux témoignage ; à ce titre, il est la cause de l'erreur du juge ; à ce titre encore, il est la cause du jugement qui afflige la société.

La justice a failli par suite de ce faux témoignage ; la révision a pour but de réparer les torts de la justice qui a failli ; donc, le faux témoignage donne

naissance à la révision ; donc c'est là le sens de l'ar=
ticle 445 ; donc cet article est applicable.

Interprétez autrement : supposez, en vous lais=
sant dominer par la lettre seule, que l'art. 445
n'autorise la révision qu'autant qu'il y a faux témoignage constituant un crime punissable ; l'erreur est
à jamais consacrée, la révision n'est plus une garantie, c'est une déception légale. La sagesse de
l'histoire, les vérités de la philosophie, si profon=
dément empreintes sur les monuments des législa=
tions anciennes, s'effacent devant un texte destruc-
teur ou plutôt devant une interprétation froide, sans
élévation, et qui confisque au profit d'une formule,
la pensée du législateur.

Triste résultat ! à mesure que la civilisation aura
grandi, les idées de justice auront suivi, elles, un
mouvement rétrograde ! les garanties du citoyen
se seront altérées, détruites ; et tandis que, dans le
passé, il défendait son honneur et sa vie, en oppo=
sant à l'arrêt qui le frappait, un *veto* d'erreur, au=
jourd'hui il périra victime, non vengée, d'une erreur
du juge, parce que cette erreur ne sera pas le ré=
sultat d'un crime. !

Et c'est là interpréter une loi ! non ; c'est la
créer et, qui pis est, la créer misérable.

On insiste et l'on dit : à tort ou à raison, la loi,
pour admettre la révision dans le cas de l'art. 445,
exige deux choses : 1º un faux témoignaga ; 2º un

faux témoin poursuivi , condamné comme tel et avec lequel le procès puisse s'engager de nouveau.

Distinguons ce qui est essentiel, fondamental dans la loi, et sur-tout séparons avec soin l'espèce du genre.

Encore une fois, ce qui est essentiel et fondamental , c'est-à-dire , le fait légal qui donne naissance à la révision , le type , le genre, c'est le faux témoignage. La loi a admis trois cas ou genres de révision, et le faux témoignage est un de ces trois cas. Que cette disposition soit restrictive et limitative , en ce sens que l'on ne puisse pas ajouter un nouveau cas à ceux spécialement indiqués, d'ac= cord; mais chacun de ces cas peut se manisfester sous plusieurs formes différentes , et cependant appartenant toutes au cas spécial, comme, par exemple, plusieurs espèces variées appartenant à un même genre. Ainsi l'art. 445 pose comme type ou genre le *faux témoignage,* puisque lui seul est cause de l'erreur; nous l'avons prouvé. Or, il y a dif= férentes espèces de faux témoignages ; le type reste le même, la forme seule varie. Ces différentes espè= ces, identiques au fond, donnent donc toutes ouver= ture à la révision. La loi est limitative, restrictive, quant au genre, mais seulement indicative, quant aux espèces.

Parmi les espèces qu'elle pouvait donner pour exemple de principe posé, elle a adopté celle qui se présentait le plus naturellement à l'esprit, et comme, dans cette espèce adoptée, la fraude, la collision pouvaient être aisément présumées, elle a multiplié les obstacles.

Mais, nous le répétons, cette espèce n'exclut pas les autres; et si ces autres espèces ne rendent pas les mêmes précautions nécessaires, la révision n'en sera pas moins admissible.

Au reste, la meilleure manière de juger une interprétation, c'est de l'interroger sur ses conséquences. Dans notre système, toute erreur sera réparée; dans le système opposé, la porte des erreurs est largement ouverte; mais cherchez la réparation.

Ainsi, on connaît dans les cours d'assises la puissance de ces témoins, que, dans la langue du droit, on appelle témoins muets. Quelle source funeste de faux témoignages, et par conséquent de faux jugements! Eh bien, ils ne peuvent être ni poursuivis, ni condamnés.

On conçoit, d'un autre côté, qu'un témoin fasse une déclaration fausse sans être un faux témoin, dans le sens légal.

Le faux témoin peut être inviolable ou bien n'être pas justiciable des tribunaux français;

Il peut être décédé ou avoir prescrit contre l'action publique;

Comment! dans toutes ces espèces de faux témoignages, l'erreur sera irréparable! et tous ces jugements, qui sont autant de désordres, flétriront de leur présence les archives des cours! Ils seront là pour dégrader aux yeux des peuples la justice et ses organes!

Suivez les conséquences! Supposez qu'après l'arrêt du Maréchal, la Nation, indignée du joug de l'étranger, se soit tout à coup relevée et eût ouvert, quinze ans plus tôt, le tombeau de la restauration; deux années s'écoulent et aux mesures révolutionnaires et violentes a succédé la légalité; cependant l'exécution de l'arrêt a été suspendue le Maréchal vit, entendez sa voix! ... elle vous crie du fond de la prison ; « l'arrêt est injuste; il est » le résultat de l'erreur ; l'erreur est elle-même le » résultat d'un faux témoignage! J'en appelle à » l'Europe, j'en appelle à la France, j'en appelle » au roi successeur de cés rois qui ont menti pour » arracher de mes Pairs une condamnation!... »

Que ferez-vous, si l'article 445 est sans application possible? Ferez vous grâce? la grâce sera refusée. Casserez-vous l'arrêt de votre pleine autorité? La légalité le défend.

L'arrêt sera donc exécuté !

Et ce serait là notre législation ! vantons-nous donc alors des progrès de la civilisation française!

Non, il n'en est pas ainsi.

Rentrons dans la véritable et saine interprétation. Quel que soit le témoin, personne ou chose, quelle que soit la déclaration, écrite ou parlée, s'il y a *faux témoignage* et par cela seul qu'il y a *faux témoignage* et erreur produite par ce faux témoignage, la révision doit être admise. L'exercice de ce droit sera plus ou moins entravé, selon les espèces de témoins qui auront déposé, mais toujours il existera.

Résumons : en droit rigoureux, la révision doit être admise. La loi sagement expliquée, la loi éclairée par les deux grandes puissances qui gouvernent le monde, la théorie et l'expérience, la philosophie et l'histoire, la loi le veut.

A côté de la loi, se place, comme puissance aussi, l'intérêt de la société qui n'existe que par les garanties qu'elle donne et qui périt si ces garanties sont violées.

Le devoir du gouvernement est tracé.

Comment donc hésiterait-il? Que lui demande-t-on? d'approuver ou de casser l'arrêt d'un tribunal? non : ce droit il ne l'a pas. On lui demande des juges!... La veuve et les fils du Maréchal, par respect pour les précédents, et confiants dans la prérogative royale, qui doit toujours être favorable à ce qui est juste, sollicitent une ordonnance qui constitue la chambre des Pairs en cour judiciaire à l'effet de réviser l'arrêt du Maréchal.

Eh quoi! après une révolution qui a vaincu le système sous lequel Ney est tombé victime du mensonge, sous un gouvernement qui se fait gloire de demander à la légalité seule sa force et sa grandeur, non-seulement justice serait déniée; mais on irait jusqu'à refuser des juges!... C'était bon sous la restauration, mais aujourd'hui!...

Refuser des juges! le ministère le peut-il? En droit commun, justice n'est-elle pas due *nécessairement* à qui la demande? En droit exceptionnel, l'homme, justiciable de la Cour des pairs, verra-t-il son passé et son avenir placés sous le bon plaisir d'un ministre qui pourra à son gré constituer ou ne pas constituer le tribunal qui seul a le droit de le juger?

Evidemment, non. Si la Chambre des pairs ne peut être constituée en Cour judiciaire que par ordonnance, il faut admettre que cette ordonnance ne peut être refusée.

Il faut proclamer, qu'en la refusant, le ministre engage sa responsabilité : son gouvernement, n'est plus protecteur, il est tyrannique.

Au lieu de maintenir la distinction des pouvoirs, ce qui est son devoir, il les confond; et au milieu de cette confusion, il usurpe des droits qui, à aucun titre, ne sauraient lui appartenir.

Qu'on y prenne garde; le mal que nous signalons sortirait tout armé du rejet de la requête présentée.

En matière de révision, le ministre n'est pas, ne peut pas être juge du fond; il renvoie administrativement à la Cour qui doit connaître ; voilà son seul droit. Ce droit, il ne dépend pas de lui de l'exercer ou de l'abandonner.

Eh bien , supposons la requête rejetée ; qu'y aura-t-il dans ce fait? un abus de pouvoir. Le ministre, simple administrateur, *se constituera juge de la révision, il condamnera une seconde fois le maréchal Ney !* c'est-à-dire qu'il confondra l'administratif et le judiciaire et que, dans cette confusion, il prendra la qualité de juge que la loi lui refuse ; et la Cour des pairs, qui seule a le droit de juger, sera violemment dessaisie. Est-ce là de la légalité? de l'ordre constitutionnel ?

Si les ministres ne reculent pas devant ces conséquences de leurs actes, alors une question plus haute et toute politique devra être soulevée.

Nous ne concevons pas une société où la justice, dans certains cas, et à l'égard de certains hommes, soit livrée au bon plaisir des ministres qui gouvernent.

Aussi, nous le dirons, le silence gardé jusqu'ici sur la requête des consultants, nous a confirmé dans cette idée que la Chambre des pairs peut, en respectant toutes fois le cercle de sa juridiction, se constituer elle-même en Cour judiciaire; et, dans notre opinion , la requête aurait dû être présentée directement à cette chambre.

Le droit de la Chambre des pairs, de juger en

certains cas et certaines personnes, est un droit constitutionnel; donc il ne peut être entravé par aucun
pouvoir. Or, si ce droit ne peut être exercé qu'en
vertu d'une ordonnance, qu'arrive-t-il? ou l'ordonnance est facultative de la part du pouvoir exécutif,
et alors le droit constitutionnel de la Chambre des
pairs est entravé, détruit même; ou cette ordonnance est obligée; alors ce n'est plus qu'un mot vide
de sens.

On conçoit la nécessité d'une ordonnance pour
assembler les chambres, parce qu'il importe à
la société que l'un des corps politiques ne déli-
bère pas en l'absence des autres; mais que les
chambres, une fois convoquées, aient encore besoin
d'une ordonnance pour exercer les pouvoirs que
la Charte leur a délégués, voilà ce qui ne se conçoit
point.

La Chambre des députés a le droit aussi de se
constituer en tribunal pour juger la presse qui l'of-
fense : une ordonnance est-elle nécessaire? non;
elle trouve son droit en elle-même et elle l'exerce.

Aussi, remarquons-le bien, la Charte n'impose
pas la nécessité d'une ordonnance. Et pourquoi cette
ordonnance, en effet? Le tribunal est constitué par
la Charte, les juges sont désignés par la Charte, la
juridiction est déterminée, circonscrite par la Charte;
que faut-il donc de plus pour juger?

Mais, dira-t-on, il y a des précédents : oui, il est

vrai que l'ancienne dynastie, cherchant toujours à ressaisir les droits qu'elle n'avaît octroyés qu'avec chagrin, a rendu plusieurs ordonnances excitatives de juridiction. Peut-être, le pouvoir déposait-il dans ces précédents une arrière pensée dont il pourrait se servir, comme il s'est servi plus tard de l'arrière pensée déposée dans l'art. 14. Ces précédents, on les a laissés passer sans obstacle comme tout ce qui ne touche pas à un intérêt actuel et privé. Mais les précédents ne prescrivent pas contre le droit et sur-tout contre un droit constitutionnel.

Si donc la requête des consultans est rejetée, nous pensons qu'ils pourront, sans craindre les fins de non-recevoir, adresser une demande nouvelle à la Chambre des pairs.

§ 2.

Les arrêts de la Cour des Pairs elle-même sont soumis à la révision.

Tout jugement, par cela seul qu'il est rendu par l'homme, est susceptible d'erreur ; toute erreur judiciaire doit être réparée ; donc, tout jugement, ouvrage des hommes, est attaquable par la révision.

Une assemblée d'hommes, organisée soit accidentellement, soit à toujours, pour prononcer sur la vie, l'honneur, la fortune d'un citoyen, est un tribunal ; ses actes sont des arrêts ; donc, ces actes, qui sont actés de justice, doivent être soumis, comme tous les actes de justice, à la nécessité de la révision.

Si le contraire est admis, on accorde que telle ou telle assemblée, par cela seul qu'elle réunit en elle telles ou telles conditions d'organisation et d'existence, est infaillible; ou bien, on consent à consacrer l'erreur et par conséquent à légitimer le désordre.

Or, l'un et l'autre résultat est anti-social.

On fait plus encore; selon qu'un citoyen est justiciable de telle ou telle juridiction, ordinaire, spéciale ou exceptionnelle, on lui donne plus ou moins de garantie, ou même on va jusqu'à l'en dépouiller tout-à-fait. Mal profond et désorganisateur ! car, livrer la destinée tout entière d'un homme à des juges faillibles, qui prononceront un irrévocable arrêt, c'est placer la tyrannie au sein de la civilisation.

Sous l'ancien droit, ces vérités ont été comprises et acceptées. Aussi, la révision s'appliquait-elle à tous jugements présidiaux, prévotaux, etc.

Les arrêts des parlements y étaient-eux-mêmes soumis (ordonnance de 1670), et pourtant ces grands corps de magistrature avaient quelque raison d'être fiers aussi de leur puissance, moitié octroyée, moitié conquise; mais l'expérience leur avait enseigné que l'autorité politique n'ajoute rien

à la force de l'autorité judiciaire, et, raisonnant
différemment sur leur double position, ils défen-
daient l'une avec opiniâtreté, tandis qu'ils cédaient
sur l'autre quand l'erreur était démontrée.

Les monuments que cette magistrature a élevés
nous fournissent plus d'un exemple de révision.

Quant à la législation nouvelle, en admettant la
révision, elle n'a point distingué entre les juridictions. La loi ne prête pas même aux équivoques, ni
aux subtilités. Lorsqu'un *accusé a été condamné*,
dit-elle, il y a lieu à révision (art. 443); ainsi le fait
seul de la condamnation, par quelque tribunal
que ce soit, ouvre le droit de révision.

C'est aussi ce que dit M. Carnot :

« Ce n'est pas seulement des arrêts rendus par les Cours d'assises
« que le Code d'instruction criminelle autorise la révision; mais de
« *tous les arrêts* ou *jugements* qui prononcent des peines afflictives ou
« infamantes, *quel que soit la Cour ou le Tribunal* qui les ait rendus.
« Ainsi, les jugements des *Tribunaux militaires*, etc., ce n'est pas
« *limitativement*, en effet, que le Code parle des arrêts et des Cours,
« puisqu'il porte que, dans les cas prévus, il y aura lieu à révision,
« et qu'il le déclare ainsi d'une manière absolue et sans y mettre au-
« cune restriction. »

Il suit de là que les arrêts de la Cour des Pairs
doivent être, comme tous les arrêts, soumis à la révision, et, en effet, pourquoi en serait-il autrement?

La Cour des Pairs, telle qu'elle est organisée, se
présente sous un double aspect : elle est *portion
essentielle de la puissance législative* (Art. 20 de la
Charte); puis, cette *portion essentielle de la puis-*

sance législative devient, en certains cas et à l'é-
gard de certaines personnes, *puissance judiciaire*
(28, 29, *ibid.*); or, dans quel cas ce corps politique se constitue-t-il, ou est-il constitué en tribunal?
Quand il s'agit de crimes politiques qui menacent
son existence peut-être. Premier motif d'erreur et,
par conséquent, cause de défiance et de révision.

D'un autre côté, par quelle étrange fiction est-
on arrivé à cette combinaison constitutionnelle?
Évidemment, dans ces circonstances, on suppose que la Chambre des Pairs cesse d'exister
comme corps politique ; qu'elle fait, pour ainsi
dire, abstraction d'elle - même ; qu'est - elle donc
alors? Un tribunal; un tribunal composé des mêmes
éléments qui composent un tribunal ordinaire et par
conséquent faillible comme les tribunaux ordinaires.

Disons mieux, elle est plus faillible encore; car, en
toutes choses, l'exception ne vaut pas le principe;
elle offre toujours moins de garantie. Ainsi, que, par
fiction, la Charte admette la métamorphose subite d'un
corps politique en un tribunal, nous l'accorderons
si l'on veut; mais les passions de l'homme public obéi-
ront-elles aussi facilement à cette métamorphose? En
montant les degrés de la tribune, pour y déposer son
vote de mort, est-il bien sûr que cet homme se sou-
vienne de sa magistrature et qu'il trouve écrits, au
fond de sa conscience, ces devoirs difficiles et sévè-
res, cette vertu sublime d'impartialité aux pieds de

laquelle viennent tomber et s'évanouir les souvenirs, les craintes et les espérances ?

Et la révision ne serait pas admise !

Qu'importe que la Cour des Pairs soit un tribunal exceptionnel, si elle est plus exposée à l'erreur qu'un tribunal ordinaire !

Cette objection aurait de la force si, par exemple, on établissait comme prémisses : que les jugements des tribunaux exceptionnels échappent à la révision ; ou bien si la procédure devant la Cour des Pairs était réglée par une loi spéciale ; mais il n'en est rien, et dans les procès qui se sont agités devant elle, notamment dans celui du Maréchal, elle a eu recours au droit commun. L'accusateur lui-même l'a placée dans le droit commun, pour répondre avec plus de facilité aux objections de la défense. Poursuivi, accusé, condamné au nom du droit commun, le justiciable de la Cour des pairs sera-t-il donc mis hors la loi aussitôt qu'il invoquera ses garanties, ses formes protectrices !

Ce qui préoccupe les esprits, au reste, et complique la question, c'est moins encore la qualité du tribunal exceptionnel que son élévation, son omnipotence. Détournons ces idées. La dignité, l'omnipotence d'un tribunal peuvent bien donner à ses arrêts force de chose jugée ; mais elles ne le rendent pas infaillible ; or, l'infaillibilité peut seule échapper à la révision.

Eh! qu'importe l'élévation du tribunal! Ce qui doit fixer l'attention, ce ne sont pas les personnes, mais les actes. Or, les actes émanés d'une cour composée de trois juges et éclairée par la délibération d'un jury, sont aussi graves que les arrêts de la Cour des pairs; ils sont souverains comme ces arrêts; on les attaque pourtant, parce que la souveraineté n'est qu'un mot là où la vérité manque.

En résumé, le principe même de la révision, la législation, l'organisation de la Cour des pairs, sa faillibilité, la raison enfin, tout confirme la proposition que nous avons adoptée.

DEUXIÈME QUESTION.

La requête en révision gracieuse doit être accueillie.

Nous croyons avoir démontré qu'en droit rigoureux, la requête de la veuve et des fils du maréchal Ney doit être admise. Si, cependant, la législation actuelle combat la révision telle qu'à notre sens elle doit être entendue; si le droit doit céder aux formules; tout est-il consommé? la tombe du maréchal qui s'était entr'ouverte à la voix d'un grand orateur, doit-elle se refermer pour jamais? Non, non, le principe reste; la vérité n'étant plus dans la loi, plane au-dessus d'elle; car, on l'a dit, la législation formule le droit, mais ne prescrit pas contre lui. Si donc il existe une puissance qui

3

trouve en elle - même assez d'autorité pour rendre,
au droit sa force, à la vérité son action, les rigueurs
de la loi, loin d'être des obstacles, deviendront des
arguments auprès de cette puissance.

Or cette puissance existe.

Les révolutions ont détruit l'arbitraire qui fait le
mal, mais non celui qui le répare; le Roi, dit la
Charte, a le droit de faire grâce.

Ce droit de grâce, que la monarchie absolue a légué
à la monarchie représentative, était anciennement
considéré sous un double point de vue: la remise de
la peine, la révision de l'arrêt qui la prononçait.
De là est venue l'expression de révision gracieuse.
Bentham a contesté aux rois le droit de remettre les
peines, parce qu'il ne conçoit pas un pouvoir se pla-
çant au-dessus de la loi pour la détruire, et il y a
quelque chose de vrai au fond de cette idée; mais
le droit de grâce, lorsqu'il a pour effet la réparation d'une erreur, est incontestable et sacré; il protége sans humilier; et en corrigeant, en annulant un
arrêt injuste, il rend à la justice elle-même sa grandeur et sa dignité.

Ce droit de grâce, ainsi compris, repose-t-il
encore dans les mains du Roi? nous ne pouvons en
douter. M. Carnot s'exprime ainsi : « Mais si Sa
» Majesté, usant de la souveraine puissance dont
» elle est revêtue, ordonnait la révision d'un procès
» hors des cas que le code d'instruction criminelle
» détermine, les tribunaux devraient s'empresser de

» déférer à ses ordres, puisque, ayant le droit de faire
» grâce, elle a nécessairement celui d'ordonner la
» révision des procès que des circonstances parti-
» culières tirent de la loi commune. »

On l'a dit déjà dans un écrit plein · de chaleur
et de conviction : ce n'est pas là une vaine théorie.
Cette interprétation de M. Carnot est tellement
dans l'esprit de la loi, qu'elle a reçu son application.

Affaire Ellenbergh.

NAPOLÉON, par la grâce de Dieu et les constitutions de l'Empire, empereur des Français, roi d'Italie, protecteur de la confédération du
Rhin, médiateur de la confédération suisse, etc., etc., etc.;

Au premier président, aux présidents et conseillers de notre Cour
de cassation, faisons savoir ce qui suit :

Notre grand-juge ministre de la justice nous a exposé qu'un arrêt de
la Cour de justice criminelle du département de la Dyle, en date du
18 juillet 1806, a condamné à seize années de fers Gérard Garçon pour
crime de vol sur une grande route, et le nommé Sébastien Ellenbergh
pour complicité dans ledit crime;

Gérard Garçon, ayant ensuite été accusé du crime de garrotage dans
le département des Deux-Nèthes, a été extrait du bagne et traduit devant la Cour d'assises, ainsi que Sébastien Ellenbergh, prévenu de
complicité avec lui dans ce nouveau crime; il est résulté de la procédure faite contre ces deux individus, que, d'une part, Gérard Garçon
a été condamné, le 17 juillet 1808, à la peine de mort, et que de l'autre, non-seulement Sébastien Ellenbergh a été reconnu étranger au crime
de garrotage, mais que même on a acquis *de fortes présomptions qu'il
n'avait point eu part au crime de vol sur une grande route, pour lequel
il avait été condamné.* Les lumières acquises à cet égard par les magistrats dans le cours de la procédure, ont été corroborées par la déclaration de Gérard Garçon, à l'exécution duquel il avait été sursis pour
causes valables. Gérard Garçon, ayant aussi indiqué un autre individu
comme complice de son crime, cet individu a été amené devant la
Cour de Bruxelles; mais malgré la conviction de sa culpabilité acquise

par les juges au moyen de l'instruction, il a été impossible de le mettre en accusation, l'action publique étant prescrite à raison du laps de temps écoulé, aux termes de l'article 637 du Code d'instruction criminelle.

D'après cet exposé, notre grand-juge a conclu, dans notre conseil privé, tenu le 12 de ce mois, à ce qu'il nous plaise d'accorder *des lettres de grâce* à Sébastien Ellenbergh, sur lequel rapport, ayant entendu ceux qui composent ledit conseil, *nous avons pensé que le moyen proposé ne satisfaisait pas entièrement, à l'égard dudit Ellenbergh, aux droits de la justice*, attendu les fortes présomptions acquises sur son innocence; cependant l'individu reconnu coupable, étant couvert par la prescription, il est impossible de prononcer contre lui un arrêt, qui, se trouvant inconciliable avec celui d'Ellenbergh, donnerait ouverture à nous faire dénoncer les deux jugements par notre procureur-général, ainsi qu'il est prescrit par l'article 443 du Code d'instruction criminelle, à l'effet d'annuler l'un et l'autre et de renvoyer les deux condamnés devant une autre Cour pour une nouvelle instruction.

Les autres moyens indiqués par le Code étant évidemment inapplicables, et *l'état actuel de la législation laissant sans recours l'innocent condamné dans le cas dont il s'agit,* nous avons jugé nécessaire de suppléer à cette insuffisance de la loi par une disposition rapprochée de ce qu'elle a déterminé pour des faits analogues.

A ces causes, nous voulons et ordonnons que l'arrêt rendu le 18 juillet 1806, par la Cour de justice criminelle de la Dyle, contre Sébastien Ellenbergh, soit, ainsi que la procédure qui y a donné lieu, et celle qui a motivé l'arrêt porté par la Cour d'Anvers le 7 juillet 1808, soumis à votre examen, en sections réunies sous la présidence de notre grand-juge ministre de la justice; afin qu'entrant dans l'examen des faits, indépendamment de la régularité et des vices de forme, et sans avoir égard à l'arrêt de confirmation précédemment rendu par vous, ledit arrêt de la Cour de la Dyle soit cassé et annulé, s'il y a lieu, dans l'intérêt d'Ellenbergh, et que ledit individu soit absous et mis en liberté; comme aussi, dans le cas où l'innocence dudit Ellenbergh ne paraîtrait pas suffisamment résulter de la procédure, nous vous autorisons à le renvoyer devant une Cour d'assises, pour le faire juger de nouveau sur les faits qui ont donné lieu à sa condamnation.

Mandons et ordonnons que les présentes lettres de révision gracieuse,

57

spellées du sceau de l'empire, visées par notre cousin le prince archi-
chancelier, vous soient présentées par notre procureur-général , en audience publique, et transcrites de suites sur vos registres à sa réquisition.

Donné à Paris, le 20 décembre 1813.

Signé Napoléon.

Ces lettres-patentes , contresignées par l'archi-chancelier Camba-
cérès , ont été lues , publiées , enregistrées , *pour être exécutées selon
leur forme et teneur* , devant la Cour de cassation , en audience solennelle, le 8 janvier 1814 , sur le réquisitoire de M. le procureur-général
Merlin , sous la présidence de M. le comte Molé , grand-juge ministre de la justice , toutes les sections réunies avec leurs présidents, et
parmi eux M. Henrion de Pansey.

Est-ce là de l'arbitraire , du despotisme? non;
c'est un acte tout à la fois de haute raison et de
haute justice; c'est le principe de la révision bien entendu et sagement appliqué ; c'est l'ordre mis à la
place du désordre. C'est aussi le fait d'un souverain
jaloux de ses prérogatives et qui veut donner à la plus
belle de toutes, le droit de grâce , toute l'étendue
qu'elle reçoit de la raison elle-même et que l'histoire
a consacrée.

Dira-t-on que ce droit, que Napoléon a ressaisi
en remontant aux temps anciens, s'est évanoui avec
l'empire? où donc trouverait-on la preuve de ce
fait? Louis XVIII en arrivant au trône s'est réservé dans la charte le droit de grâce sans distinction;
la charte nouvelle réserve encore au Roi le droit
de grâce sans distinction. Eh quoi! lorsqu'on accorde au Roi la faculté d'annuler, par la remise de la
peine, un arrêt juste, on ne lui permettra pas de faire
réviser un arrêt injuste! quoi! le droit des anciens

Rois aura pû reposer snr la tête de l'Empereur, et il
n'aura pas reposé sur la tête de Louis XVIII qui,
dans tous ses actes, considérait la révolution comme
non avenue! et aujourd'hui que le droit de grâce,
tel qu'il était dans l'ancienne charte, a passé dans la
charte nouvelle, on frapperait du reproche d'incons=
titutionnalité l'ordonnance qui accueillerait la de=
mande de la veuve et des enfants du Maréchal Ney.

Eh ! qui donc l'oserait !

Supposons encore que le Maréchal soit vivant,
qui donc, se laissant entraîner par nous ne sa=
vons quel scrupule constitutionnel, oserait le repous=
ser s'il sollicitait une ordonnance de révision en
échange d'un arrêt de mort? Eh bien, un homme
illustre ne meurt pas; sa mémoire, c'est lui-même.

L'objection constitutionnelle ne serait-elle donc,
au fond, que le désir secret de quelques hommes de
voir ratifier, en 1831, une des sanglantes journées
de 1815!...

Mais quel est donc cet arrêt qui excite tant de
sollicitude? Un arrêt politique, rendu sous le feu de
la haine, au moment même où la Chambre des
députés votait cette loi prévôtale, dou de joyeux
avénement de la restauration, loi de sang que la
France n'a point oubliée aux jours de juillet. Cet
arrêt n'eut-il frappé qu'un citoyen obscur, Na=
poléon en aurait ordonné la révision ; il frappe
un maréchal de France, et il serait irrévocable!
et le Roi serait sans pouvoir!....

Qu'on y songe, si la royauté a ses priviléges, elle a ses devoirs aussi. A elle sur-tout le devoir de faire respecter les institutions. Sa mission est grande, car le passé comme l'avenir est de son domaine.

Laisser en arrière une grande idée sociale violée, c'est se fortifier sous le feu d'une batterie ennemie. Les peuples se souviennent du rôle que la justice a joué dans les temps de passions, et c'est à ses actes qu'ils mesurent leur respect. Il importe donc à un pouvoir nouveau de détruire les précédents scandaleux, pour asseoir plus sûrement ses principes.

La révision porte avec elle, d'ailleurs, une haute moralité : le juge hésitera s'il a à redouter, non pas seulement la flétrissure de l'histoire, qui après tout ne frappe souvent qu'un cadavre, mais le désaveu solennel que, lui vivant, la justice des temps calmes donnera à la justice des temps de colère !

TROISIÈME QUESTION.

A quelle Cour le procès en révision sera-t-il porté ?

Peut-être serait-il convenable que la révision des arrêts de la Cour des pairs fût soumise aux deux chambres assemblées ; c'est ce qui se fait en Angleterre ; mais comme, dans notre organisation actuelle, la Charte n'accorde aucun pouvoir judiciaire à la Chambre des députés et que, d'un autre côté, une ordonnance ne pourrait pas concéder ce pouvoir, il en résulte que cette Chambre est nécessairement écartée.

En second lieu, dans la hiérarchie judiciaire, la Cour des pairs, considérée comme tribunal, tient le premier rang, cela est incontestable : or les actes d'un tribunal peuvent bien être réformés par une juridiction supérieure; mais le contraire serait au moins étrange.

Il suit de là que la Cour des pairs reste seule, en présence d'elle-même, sans supérieurs, sans inférieurs qui aient le droit de critiquer ses actes.

En faut-il conclure que la révision soit impossible, et cette impossibilité créera-t-elle un argument nouveau en faveur des adversaires de la révision ?

Non. Encore une fois : la justice exceptionnelle comme la justice ordinaire est faillible; donc ses erreurs doivent être réparées. Le droit à la révision existant, il faut que ce droit soit protégé, qu'il puisse se réaliser par une action.

En France, la justice ne saurait manquer à aucun droit. Si la loi est silencieuse, c'est la raison qui doit décider.

Ne raisonnons pas, d'ailleurs, sur la révision, comme nous raisonnerions sur l'appel; l'appel a pour but de réformer un mal jugé, une erreur échappée à l'intelligence du juge; or il y aurait inconséquence à demander à cette intelligence la solution d'un problème qui paraît être au-dessus de ses forces; il faut

donc s'adresser à une intelligence supérieure. Ajou‑
tons qu'il y aurait imprudence à consulter les mêmes
juges ; car s'ils ne sont pas infaillibles, ils croient
néanmoins souvent à leur infaillibilité.

La révision suppose-t-elle que l'erreur existe?
non, dans l'intelligence du juge, mais dans les preuves
qui doivent l'éclairer : le juge a bien raisonné ; mais
il a raisonné sur des données fausses, qu'il croyait,
qu'il devait croire vraies ; il est donc juste et possi‑
ble de faire un appel au juge mieux informé.

La Cour des Pairs peut donc, doit don‑ être saisie.
Les consultants acceptent cette juridiction : s'il y a
chances défavorables, c'est contre eux ; ils consen‑
tent à s'y soumettre.

L'ancienne législation est conforme à cette solu‑
tion. L'art. 9, tit. xvi de l'ordonnance de 1670 dit :
« Les lettres seront renvoyées à celles de nos Cours
où *le procès aura été jugé.* » Ainsi le parlement
révisait les arrêts du parlement, et cela était rai‑
sonnable.

Le Code d'instruction criminelle qui statue sur les
cas ordinaires de révision et sur les juridictions ordi‑
naires, renvoie, il est vrai, la révision, non à la Cour
qui a jugé, mais à une autre Cour placée au même
rang que la première dans la hiérarchie judiciaire ;
c'est là un pur règlement de juridiction qui n'est pas
applicable à la juridiction, toute exceptionnelle, de
la pairie. Chaque tribunal, quoique placé d'ailleurs

4

sous l'empire du droit commun, en tout ce qui concerne les droits du citoyen, est soumis à des principes spéciaux pour ce qui concerne la partie purement organique de sa juridiction.

Cela se conçoit parfaitement ; le Code d'instruction criminelle ne peut donc exercer aucune influence sur la question posée.

Les raisons qui seules conduiraient à dire que la Chambre des Pairs ne peut pas réviser l'arrêt qu'elle a rendu, à notre sens, se réduisent à deux : 1° incompétence légale ; 2° incompétence rationnelle.

L'incompétence légale ; il faudrait une loi qui la prononçât ; or, la juridiction de la Cour des Pairs n'ayant jamais été régularisée, cette loi n'existe pas. D'un autre côté, la loi commune, en ce qui concerne l'organisation de juridiction ; ne peut pas s'appliquer à une juridiction spéciale. La Cour des Pairs elle-même l'a reconnu encore dans les différents procès qui se sont agités devant elle.

L'incompétence rationnelle n'existe pas davantage. Rien de contradictoire à ce qu'un condamné appelle du juge mal informé au juge mieux informé : le bon sens l'admet ; l'ancienne législation, l'histoire des Parlements le prouvent.

Il n'y aurait incompétence rationnelle que dans un seul cas, celui de suspicion légitime.

Or, il n'y a point de suspicion légitime. C'est la Cour des Pairs qui a jugé ; c'est la Cour des Pairs qui révisera ; oui : mais les révolutions ont modifié cette institution, et le temps n'a point épargné les hommes ; les titulaires ont passé, d'autres les ont remplacés.

Les circonstances aussi ont changé, le procès s'agitera libre de toute influence soit extérieure, soit intérieure ; il s'agitera entre des intelligences dégagées de l'alliage impur des passions ; il s'agitera enfin sous les yeux de la postérité à laquelle le maréchal a fait un appel. Après seize ans passés, la Cour des Pairs, assemblée au nom de la loi ou au nom du Roi, substituera à un arrêt sanglant, une page d'histoire, et l'histoire n'est pas indulgente aux condamnations politiques.

Délibéré à Paris, le 22 janvier 1832.

Ont signé : **MARIE.**

MM.

MM.

PARQUIN.
LAMY.
BOITEUX.
GRANDMAISON.
CHAIX D'ESTANGE.
TONNET.
BLANCHET.
VINOT.
PINET.
GUYARD.
LAFARGUE.
BAUTIER.

MERMILLOD.
STOURM.
DUPONT.
CHARLES LEDRU.
SEBIRE.
PAILLARD DE VILLENEUVE.
MOUREAU.
RIGAUD.
VERVOORT.
DAVID DESCHAMPS.
BETHMOND.
BENOIT (DE VERSAILLES.)

44

MM.   MM.
LAUMOND.   LANDRIN.
LIOUVILLE.   FENET.
AMYOT.   PATORNI.
LANOE.   JOFFRÈS.
PINARD.   D'OLIVIER.
ORTOLAN.

CHARPENTIER.
DE PODENAS.   } Députes.
THOURET.
GARNIER PAGÈS.

ADHÉSIONS.

Le soussigné, qui a pris lecture de la consultation ci-dessus, estime qu'il y a lieu en effet à la révision du procès du maréchal Ney. Il se fonde sur ce que la juridiction de la Cour des pairs est tout-à-fait exceptionnelle et politique, et sur ce que la défense n'a pas été libre.

Paris, le 13 février 1832.

MAUGUIN.

Le soussigné, après la lecture de la Consultation ci-dessus, estime :

1º Que la Chambre des Pairs ayant été illégalement mutilée devant jugement ;

2º Que cette Chambre n'ayant pas été constitutionnellement organisée en Cour de justice ;

3º Que le ministère ayant réclamé la condamnation par des considérations politiques, nées de l'état de l'Europe, et non par des actes imputés au maréchal Ney ;

4º Que la capitulation qui faisait la sauve-garde du maréchal ayant été violemment écartée de la discussion ;

5º Que la défense n'a pas été libre : il y a lieu à révision. Il estime encore que la Cour des pairs n'ayant pas de tribunal supérieur, c'est elle-même qui doit réviser ses propres arrêts ; mais, dans le cas où l'on voudrait porter à tort dans le droit politique cette maxime du droit civil qui ne veut pas qu'une Cour se réforme elle-même , les trois branches du pouvoir législatif devraient alors frapper d'inconstitutionnalité et de nullité l'arrêt du maréchal Ney, par la seule raison qu'un état social ne peut se concevoir où, par un moyen quelconque , une injustice ne peut être réparée.

Paris ; le 15 février 1832.

J.-P. PAGÈS.

Les soussignés ,

" Vu la requête présentée au Roi le 23 novembre 1831 , par la veuve et les enfants du maréchal Ney ,

» Déclarent que, dans leur opinion, le gouvernement doit ordonner la révision du procès du maréchal Ney, et, à cette fin , ordonner que la Chambre des Pairs se constituera en cour de justice.

Les moyens de révision sont tellement péremptoires, qu'il est difficile de concevoir une sérieuse contradiction.

Le maréchal Ney a été mis à mort, au mépris et en violation flagrante de l'art. 14 de la capitulation de Paris, du 3 juillet 1815 , dont le texte n'aurait pas de sens, s'il n'avait eu pour but unique et immédiat de servir de garantie aux personnes qui se trouvaient dans le même cas que le maréchal Ney.

On ne peut expliquer que par les circonstances qui opprimaient alors la France , un arrêt qui est la violation monstrueuse de tout ce qu'il y a de plus sacré parmi les hommes , c'est-à-dire la foi des traités.

La Cour a été induite en erreur sur le caractère obligatoire de la convention du 3 juillet , par une note diplomatique émanée de l'étranger, et par les assertions du ministère d'alors et de la partie publique.

D'un autre côté, le droit naturel de la défense a été violé dans la personne du maréchal par l'arrêt qui, avant de juger le fond, lui a d'avance, et par forme d'interlocutoire, interdit le droit d'exciper de la capitulation.

A l'égard des moyens de forme qu'on paraît vouloir opposer à la demande en révision, il est facile de comprendre qu'il reposent sur une grande erreur du droit public.

Repousser la requête, parce qu'aucune loi n'a explicitement soumis les arrêts de la cour des Pairs à la possibilité d'une révision, c'est arguer à la fois de nullité tous les actes de juridiction émanés de la cour des Pairs, depuis l'époque de sa création ; car aucune loi n'a réglé la procédure que cette cour a suivi jusqu'ici.

En l'absence d'une législation spéciale, on a emprunté les formes du droit commun. Pourquoi n'emprunterait-on pas aussi au droit commun le principe de la révision, en ayant égard toutefois aux différences que doit commander le caractère d'une juridiction qui ne reconnaît aucune supériotrié hiérarchique?

L'éminence du caractère judiciaire de la chambre des Pairs ne saurait mettre ses arrêts à l'abri de la révision, puisqu'ils ne sont pas, par cela même, à l'abri de l'erreur.

Nos anciens parlements exerçaient une juridiction aussi élevée que celle de la cour des pairs de nos jours. La chambre haute, en Angleterre, est revêtue d'attributions judiciaires également élevées et sans contrôle. Les arrêts des parlements et ceux de la pairie anglaise ont toujours été sujets à révision : l'histoire nous en offre de nombreux exemples, sur-tout pour les condamnations politiques.

On ne peut dire que la révision demandée soit contraire au caractère souverain de la justice que rend la cour des pairs en France ; car cette demande s'adresse à la cour des pairs elle-même, et non pas à une autre juridiction ; cette cour est souveraine et non pas infaillible. Demander la réparation d'une erreur à ceux qui l'ont commise, est encore un hommage rendu à leur autorité.

Paris, 13 février, 1832.

DUPONT (de l'Eure), MERHILHOU, ODILON-BARROT.

L'ancien avocat, soussigné, principal défenseur du maréchal Ney devant la Cour des maréchaux, et depuis en la Chambre des Pairs,

En adhérant à la consultation ci-dessus,

Estime que la demande en révision du procès fait au maréchal Ney, doit être essentiellement fondée sur trois moyens de première ligne :

Primo, L'OCCUPATION ÉTRANGÈRE ,

Il n'y a pas à se le dissimuler, elle plaçait alors sur la France un sceptre de fer, qui dominait toutes les consciences , principalement sur tout ce qui se rattachait à la vieille armée et constituait sa force morale.

Cette occupation entraînait , dans l'intérêt des occupants, une force majeure irrésistible pour toutes les autorités françaises sur lesquelles elle planait.

Il était grand pour les étrangers , il était immense, l'intérêt de faire tomber une tête tellement illustre, tellement précieuse, que plusieurs de ses compagnons d'armes offraient la leur en échange ! (Lettres qui les offrent.)

Ce qui a dû en résulter a été la stupeur , et par conséquent l'absence, chez les juges, de toute volonté libre.

En second lieu , soustraction de la pièce fondamentale de la défense.

Il a bien fallu que la Chambre des Pairs cédât à l'influence étrangère, pour arrêter *préparatoirement et in petto*, que l'article 12 de la convention du 3 juillet 1815 ne pourrait pas être invoqué par les defenseurs du maréchal.

Et pourquoi donc cet interdit de l'instruction ? N'est-ce pas que la force qui commandait , même au-dessus du trône, l'avait ainsi ordonné ? Le soussigné a remis aux mains de la famille du maréchal , la preuve écrite par une main toute-puissante de cet ordre, en forme de version de l'article 12, dont elle faussait le sens.

Lors de son arrêt préparatoire, prononçant à *huis clos* le rejet de l'article , la Chambre des pairs faisait fonctions de jury instructeur ou d'examen. Elle n'avait de pouvoir que pour mettre en lumière toutes les pièces du procès : il ne lui appartenait pas d'en mettre aucune à l'écart.

En troisième lieu , déni de justice , par le refus fait à l'accusé du droit sacré de la défense.

La postérité est là pour juger cet attentat inouï à la plus sainte des lois !

Et, au civil, la défense est de *droit naturel*, au criminel, elle est de *droit divin*. C'est trop que des mortels aient à prononcer sur la vie des hommes. Qu'ils n'y prononcent du moins qu'en respectant le principe de la *libre défense*, principe trop pur pour n'être pas descendu du ciel, trop capital pour que son infraction ne constitue pas seule le *déni de justice* et l'iniquité suprême de la condamnation qui en est la suite.

Il y a déni de justice toutes les fois que le juge refuse de statuer, soit affirmativement, soit négativement, sur une exception proposée en jugement, comme répulsive de l'accusation même.

En entravant la défense sur une telle proposition, ou sur les développements, le juge viole ouvertement les dispositions des articles 294 et 335 du Code d'instruction criminelle, et il donne ouverture au recours accordé par l'article 445 du même Code, pour la révision qui n'en est que le corollaire.

Voilà sur quoi le soussigné pense qu'il faut insister.

L'espèce de la condamnation est ici tellement extra-légale, tellement extra-judiciaire, la victime est tellement illustre, les juges eux-mêmes tellement excusés par les circonstances, que la révision du procès devient, en quelque sorte, un devoir national, et que, pour l'accomplir, e Roi peut rendre une ordonnance qui soit vérifiée par les deux Chambres, à *l'instar* des lettres de grande naturalité, et qui institue des juges spéciaux pour cette révision.

Délibéré à Paris le 30 janvier 1832.   BERRYER père.

———

L'ancien avocat soussigné,

Qui a pris lecture de la consultation rédigée par Me Marie, le 22 janvier dernier, adhère à l'opinion émise par son confrère.

Mais il pense, que c'est moins dans les dispositions du droit positif, que dans les principes de justice et de droit public, qu'il faut chercher a solution de la question importante soumise par la famille du maréchal Ney à ses Conseils.

Ainsi que l'établit le rédacteur de la consultation, le droit de révision est le complément indispensable de toute bonne institution judiciaire' Par cela seul qu'une erreur est possible, il faut qu'une voie soit toujours ouverte pour la réparer, sur-tout lorsqu'il s'agit de la vie ou de l'honneur des citoyens.

Le souverain, qui a le droit de faire grâce à celui que les tribunaux ont déclaré coupable, peut aussi donner de nouveaux juges aux condamnés, lorsque des circonstances graves font présumer que le jugement rendu contre lui est l'œuvre de l'erreur ou de la prévention.

Ce n'est pas à la loi ordinaire qu'il appartient de régler l'exercice de ce droit inhérent à l'autorité souveraine. Aussi le Code d'instruction criminelle n'a-t-il eu d'autre but que d'indiquer les cas ordinaires dans lesquels le recours en révision est ouvert. L'exemple cité dans la consultation prouve que ses dispositions sur cette matière ne sont nullement restrictives; et qu'il peut y avoir lieu à révision dans d'autres cas que ceux prévus par l'art. 445.

C'est sous le point de vue moral et politique, qu'il convient sur-tout d'accueillir la réclamation des consultants.

Il est moral d'anéantir une condamnation, lorsqu'elle est le résultat d'une erreur évidente.

Il est politique, lorsque le régime de la légalité succède au régime de l'arbitraire, de réparer tout ce qui est encore réparable: et puisqu'il est impossible de rendre la vie à un grand citoyen, on doit du moins laver sa mémoire de cette sorte de flétrissure que nos préjugés attachent d'ordinaire aux condamnations capitales.

COFFINIÈRES.

_____ _____

LE CONSEIL SOUSSIGNÉ qui a lu: 1° la requête présentée au Roi par Madame la Maréchale Ney, princesse de la Moskowa, et par ses enfants, pour obtenir la révision du procès du Maréchal; 2° la consultation délibérée sur le mérite de cette requête, par Me Marie, le 22 janvier 1832;

Est d'avis qu'il y a lieu à révision.

Cependant, il doit le dire, les motifs de sa conviction ne sont puisés, ni dans l'article 445 du Code d'instruction criminelle, ni dans l'argumentation d'ailleurs pleine d'habileté que l'honorable rédacteur de la consultation a tirée soit de l'article précité, soit des principes législatifs ou philosophiques qui dominent le droit de révision en général; ni enfin dans le pouvoir qu'on attribue au souverain d'ordonner de pleine puissance une révision gracieuse , pouvoir qui semble au moins très contestable sous un gouvernement constitutionnel.

C'est de la nature même du tribunal exceptionnel qui a jugé le Maréchal , et des formes que ce tribunal a adoptées , c'est sur-tout de la violation d'un droit qui doit être sacré pour toutes les juridictions, que ressort à nos yeux le droit, pour la famille du Maréchal, de demander la révision d'un trop funeste procès.

Nous ne méconnaissons point qu'un grand principe d'ordre social attribue chez tous les peuples civilisés une présomption de vérité aux décisions de la justice : *Res judicata pro veritate habetur.*

Mais, dans les choses d'ici-bas, il n'est guères de principes absolus : toute règle a ses exceptions.

Tout en posant une maxime qui attribuait à la justice humaine une sorte d'infaillibilité par laquelle elle se rapprochait de la justice divine et se recommandait aux respects des peuples, le législateur n'a pu oublier que les juges sont hommes et par conséquent sujets aux faiblesses et aux erreurs de l'humanité. Il a dû reconnaître qu'il est des circonstances, rares sans doute, extraordinaires, mais possibles, dans lesquelles une présomption d'erreur vient remplacer la présomption de vérité qui, dans les cas ordinaires , s'attache à la chose jugée. Une exception était donc nécessaire, et elle a été proclamée.

Ainsi, dans les affaires purement civiles, et pour protéger de simples intérêts de fortune, on a introduit, sous le nom de requête civile, la faculté de demander, dans des cas déterminés et pour violation de certaines formes , la révision des procès définitivement jugés.

Dans les affaires criminelles , on n'a pas dû refuser la même protection à des intérêts bien plus graves. Il fallait qu'un abri fut accordé à l'honneur ou à la vie des citoyens compromis par 'une erreur judiciaire. La révision était un besoin de la justice , une conséquence obligée de la fragilité humaine. On la retrouve dans tous les Codes.

Toutefois, nous le répétons, l'inviolabilité de la chose jugée est le principe ; la révision n'est que l'exception.

Or , il est très vrai, en thèse générale, que les exceptions sont de droit strict et qu'elles doivent être écrites dans la loi. Par une conséquence nécessaire, il est également vrai que la révision des arrêts cri-

.minels rendus par la juridiction ordinaire, n'est possible que dans les cas que la loi a prévus et déterminés.

Mais pourquoi en est-il ainsi? Parce que la loi y a pourvu; parce qu'elle a réglé tout ce qui concerne cette juridiction, fixé sa compétence, prescrit ses formes de procéder, indiqué les causes et les moyens de réformation ou de révision de ses décisions.

Si, au contraire, un tribunal juge sans loi qui règle sa compétence et ses formes de procéder, sans loi qui détermine les cas et le mode de révision de ses décisions, il n'en peut être de même. Ce tribunal s'est mis dans une position extra-légale et ne peut point placer ses arrêts sous l'égide de la même inviolabilité qui protége les arrêts régulièrement rendus.

C'est précisément ce qui a eu lieu devant la Cour des Pairs, relativement à l'affaire du maréchal Ney.

D'abord, aucune loi ne réglait d'une manière précise la compétence de cette Cour.

En effet, la Charte n'avait pas dit en termes absolus que la Chambre des Pairs connaîtrait de tous les crimes de haute trahison et de tous les attentats commis contre la sûreté de l'État. L'article 33 avait dit au contraire limitativement : « La Chambre des Pairs connaît des crimes » de haute trahison et des attentats à la sûreté de l'État, *qui seront* » *définis par la loi.*» Ainsi, la Charte se référait, non au Code pénal alors existant, mais à une loi future qui devait dire quels crimes et quels attentats seraient jugés par cette grande juridiction exceptionnelle ; à une loi qui devait *définir* ces attentats et ces crimes, assigner leurs caractères et leur pénalité. Or, cette loi n'était pas rendue ; c'était un principe encore en germe et non vivifié par la disposition qui devait le développer ; l'article de la Charte ne pouvait recevoir son exécution ; la Cour des Pairs était sans compétence.

Mais passons sur cette première infraction, qui n'est pas la plus grave.

Les formes, sur-tout en matière criminelle, ne sont pas une simple apparences, une futile parade. Ce sont des garanties données à l'accusé contre l'entraînement ou la passion du juge ; ce sont des voies ouvertes à la manifestation de la vérité, des barrières opposées aux coups de l'arbitraire. Par cela même elles sont d'ordre public et ne doivent être réglées que par la loi.

Aussi n'est-il point de juridiction, tant minime soit-elle, à laquelle le législateur n'ait tracé sa procédure.

La Cour des Pairs devait donc avoir la sienne, elle qui se trouvait placée si haut dans la hiérarchie des pouvoirs sociaux, elle qui était revêtue d'une si terrible mission, elle qui prononçait sur de si graves intérêts !

Cependant elle crut pouvoir procéder au jugement du Maréchal avant qu'une loi eût réglé les formes à suivre pour ce jugement. Elle crut pouvoir se tracer elle-même ces formes, se donner une procédure de son choix, une procédure extra-légale, une procédure arbitraire, il faut trancher le mot.

Vainement dirait-on qu'elle a suivi les règles du Code d'instruction criminelle, autant que le permettait sa constitution. Ce serait avouer qu'elle s'est placée hors de ce Code qui n'était point fait pour elle, et qui ne pouvait recevoir son application entière devant un tel tribunal. Elle en a pris ce qu'il lui a convenu de prendre; elle a rejeté ce qu'elle a jugé à propos de rejeter; elle a procédé tantôt par analogie, et tantôt d'après ses propres inspirations. Encore une fois, elle s'est mise en dehors du cercle légal.

Dès lors et quand il s'agit de procéder à la révision de son arrêt, elle ne peut point dire comme les autres cours, et l'on ne peut point dire, pour elle, que la révision n'est permise que dans les cas directement prévus par la loi. Cela ne serait valable qu'autant qu'il y aurait une loi ayant réglé la procédure à suivre et refusé le droit de révision, ou renfermé ce droit dans des limites déterminées. Mais on n'a pas attendu cette loi ; elle n'existe pas. Comment donc lui demanderait-on une limitation qu'elle n'a point posée ?

Ainsi, il faut que la Cour des Pairs subisse la conséquence de la position où elle s'est elle-même placée. En l'absence d'une loi qui le règle, le droit de révision ne peut être ici déterminé que par la raison et l'équité, ces éternels suppléments de la législation écrite.

Et qu'on ne dise point : le Code d'instruction criminelle a tracé des principes pour la révision ; il faut les suivre.—D'abord la révision, telle que l'a réglée ce Code, serait inapplicable dans la forme à la Cour des Pairs. Les arrêts de cette Cour ne sauraient être révisés par la Cour de Cassation qui lui est inférieure en dignité. D'un autre côté, et au fond, qui ne comprend que la révision des décisions d'un tribunal politique doit avoir d'autres règles et un autre ampleur que la révision des procès criminels ordinaires ?

Il est donc vrai de dire qu'ici l'on est sans loi spéciale et positive. Un principe seul domine: c'est que, dans toute juridiction, il est des cas extraordinaires où il doit y avoir lieu à révision ; et alors que ces cas ne sont point précisés par la loi, il faut chercher à les établir par des considérations tirées de la nature même du droit de révision.

Or, sur quoi ce droit est-il fondé dans les cas où la loi l'a admis ? Sur certaines circonstances qui viennent balancer la présomption de vérité attachée aux décisions judiciaires, et la remplacer par une présomption d'erreur.

Si donc nous trouvons une de ces circonstances dans le procès du Maréchal, il faudra dire qu'il y a lieu à révision.

Eh bien ! nous ne craignons pas de le dire, jamais arrêt ne fut frappé d'une suspicion plus légitime et plus forte que celle qui s'attache à la condamnation de l'illustre et infortuné Maréchal.

La défense sans laquelle il n'est pas de jugement digne de ce nom, ne fut pas libre. On empêcha de plaider un moyen péremptoire, d'invoquer une capitulation sacrée, de mettre la tête de l'accusé sous la protection du droit des gens.

Dénier la défense est un crime : la donner, mais non pas libre, c'est tyrannie, disait Ayrault, lieutenant-criminel au seizième siècle ! Et au dix-neuvième siècle, la Cour des Pairs a refusé cette liberté à un de nos plus illustres guerriers ! !

Dira-t-on que le moyen tiré de la capitulation était mal fondé, que du moins la Cour des Pairs l'avait ainsi pensé ? Mais comment avait-elle pu apprécier un moyen qui n'avait pas encore été plaidé ? Et puis, quand il serait vrai que le moyen fût sans puissance et sans vérité (et il avait l'une et l'autre), le droit de l'accusé n'est-il pas de faire valoir même un mauvais système de défense ? A-t-on fermé la bouche à Louvel ? lui a-t-on interdit de tenter une justification impossible ?

D'ailleurs, dans l'intérêt même de sa considération et de l'autorit morale de son arrêt, la Cour des Pairs devait entendre. Elle devait permettre que le moyen invoqué fût produit, laisser à l'accusation le soin de le réfuter, et constater par ce débat public et contradictoire la légitimité de la condamnation.

Au lieu de cela, elle a donné à croire qu'elle redoutait l'invocation de la capitulation, qu'elle y voyait le salut de l'accusé ou la condamnation de ses juges aux yeux du public, et que c'est pour cela qu'elle étouffait la défense.

Nous aimons à penser qu'il n'en fut pas ainsi, au moins pour la majorité de ses membres; car ce serait un crime. Mais dans l'hypothèse la plus favorable, c'est une erreur; et une erreur de ce genre suffit pour frapper l'arrêt de suspicion et motiver la révision demandée.

Aussi, dans le sein même de la Cour, des voix généreuses protestèrent contre l'arrêt et refusèrent d'y prendre part.

C'est cette irrégularité fondamentale, cette violation du droit le plus sacré, cet oubli du premier devoir du juge, qui nous font considérer la demande en révision comme devant être accueillie.

Resterait pourtant une question de convenance dans l'intérêt du Maréchal et de sa mémoire. C'est celle de savoir si la révision, en amenant l'invocation d'une fin de non-recevoir, conduirait à une réhabilitation suffisante!... Ici la famille est juge, et nous n'avons pas à nous expliquer sur une question que nous ne faisons qu'indiquer. Peut-être serait-il plus grand et plus digne de l'illustre victime que par une déclaration solemnelle, soit qu'elle intervienne par forme législative, soit qu'elle émane d'un des grands corps de l'État, on déclarât que la Patrie compte le maréchal au nombre de ses grands hommes et ne se souvient que de ses glorieux services !

Paris, ce 20 février 1832.   PH. DUPIN.

_____

La cour des Pairs, depuis la charte de 1814, dans les diverses affaires qui lui ont été déférées, s'est attribué le pouvoir *omnipotent*, la *souveraineté* : elle a réglé seule la procédure à suivre, les peines à infliger, et la manière de compter les votes. Je n'examine pas si ce droit lui appartenait, je ne fais que constater un fait : elle a agi en souverain, personne ne peut le nier.

Or, le caractère propre et essentiel de la souveraineté est d'être *inaliénable et illimité*; il impliquerait en effet contradiction, que ce qui est le dernier degré de la puissance fût dominé par une puissance supérieure.

Il découle nécessairement de là que l'exception de *chose jugée* ne peut être opposée à la souveraineté ou au pouvoir qui a fait acte de souverain.

C'est ainsi que dans l'ancienne Rome, quoique les tribunaux ordinaires, comme aujourd'hui chez nous, eussent des règles limitatives, lorsque l'affaire était portée devant le souverain, c'est-à-dire le peuple assemblé, il prononçait à son gré, et pouvait plus tard revenir sur ce qu'il avait décidé une première fois : témoin Cicéron qui fut frappé d'exil, et dont les biens furent confisqués, par jugement des grands comices, sur la poursuite de Clodius, puis, quelques années après, qui fut rappelé avec honneur et réintégré dans sa fortune par les mêmes grands comices.

Notre propre histoire aussi ne manque pas d'exemples *d'abolition* de condamnations prononcées par le pouvoir qui, alors, exerçait la souveraineté, ou par l'autorité qu'il déléguait à cet effet.

Dans l'espèce, l'action en révision est donc recevable, sans aucun doute, de la part de la cour des Pairs.

Est-elle fondée? assurément. La convention du 3 juillet 1815 ne permettait pas même que l'on mît en jugement le maréchal Ney; et ce ne peut être qu'en trompant les Pairs que l'on a obtenu la condamnation de cet illustre guerrier. Le jugement doit donc être *aboli*.

J'adhère au surplus aux solutions données par Me Marie.

Paris, le 26 janvier 1832.   CROUSSE.

Le soussigné adhère pleinement à l'opinion de son honorable confrère Me Marie, à l'exception toutefois du paragraphe qui concerne la *révision gracieuse*; ce mode de révision ne lui paraît pas pouvoir être admis.

Mais d'un autre côté, il pense qu'il existe un moyen de révision, indépendant de celui du faux témoignage : ce moyen de révision consiste dans les entraves apportés au droit de défense. Sans doute, il ne serait pas admissible devant les tribunaux ordinaires, mais il l'est devant la Cour des Pairs. Il faut en indiquer les motifs.

Dans le cercle de la justice ordinaire, la Cour de cassation est gardienne des formes substantielles. Le droit de défense est la première.

est la plus importante de toutes les formes substantielles. Il a pour base non-seulement la loi civile, mais encore cette loi qui régit tous les peuples et qui a été si bien appelée *non scripta sed muta lex*. Voila pourquoi la Cour de cassation n'a jamais manqué de casser des arrêts entachés du vice de défaut de liberté de la défense. Elle n'a point été arrétée par le silence du Code d'instruction, qui ne prononce pas la nullité de la défense. Il lui a paru que dès l'instant que le Code avait accordé à l'accusé un défenseur et en outre la faculté de faire entendre sa propre voix, la liberté de la défense devenait la plus essentielle et la plus inviolable de toutes les formes. Aussi, chaque fois qu'elle casse un arrêt par l'application du principe que nous venons d'indiquer, elle a soin de se servir de ces mots : qu'il y a eu violation du *droit sacré* de la défense, afin d'avertir les magistrats et les justiciables combien elle place ce droit au-dessus de tous les autres, et de quel respect religieux elle l'environne.

La Cour des Pairs n'a et ne peut avoir aucune autorité au-dessus d'elle. Elle juge souverainement en fait et en droit : elle n'est pas même astreinte aux formes minutieuses de la procédure ordinaire ; mais elle est tenue de respecter les formalités substantielles, c'est-à-dire celles sans lesquelles il n'y a ni débat véritable, ni jugement qui mérite ce nom. Ces formalités ont sans doute pour sanction le devoir, la conscience e l'honneur des membres qui la composent; mais si, par erreur (car ce n'est jamais qu'à l'erreur que l'on peut attribuer un malheur aussi grand), elle s'était écartée de ces formalités, et si une condamnation en avait été la suite, n'y aurait-il aucune voie pour obtenir réparation ? Évidemment il y en aurait une; et cette voie serait celle de la ré vision.

La loi fondamentale de l'état, en attribuant l'autorité judiciaire à la Cour des Pairs dans des cas déterminés, n'a pu entendre priver les justiciables de cette Cour des garanties dont ils auraient joui devant les tribunaux ordinaires. Or, devant les tribunaux ordinaires, les justiciables auraient pu obtenir la cassation pour violation des formalités substantielles; il faut donc qu'ils puissent parvenir à faire, pour la même cause, rétracter les arrêts de la Cour des Pairs par la voie de la révision. Pourquoi les arrêts de la Cour des Pairs ne peuvent-ils pas être réformes par la cassation ? Parce que la Cour des Pairs n'a pas de supérieure; de là résulte pour elle la nécessité de se réformer elle-même, lorsqu'elle a transgressé les règles relatives aux formalités substantielles.

Ainsi toutes les fois que l'on prouvera à la Cour des Pairs qu'elle a porté atteinte à une formalité substantielle, et sur-tout à la liberté de la défense, qui est la première de toutes ; elle pourra, elle devra retracter son arrêt par la voie de la révision.

Nul doute que l'illustre maréchal dont la France déplore la fin tragique, n'eût été sauvé, si la défense n'eût été arrêtée dans ses généreux efforts, si elle avait pu établir que la capitulation de Paris était obligatoire pour le gouvernement de Louis XVIII. Un arrêt préparatoire avait interdit l'emploi de ce moyen définitif. La défense a donc été entravée, et elle l'a été sur un point essentiel : de là dérive la justice et la nécessité de la révision. Assurément, il faut absoudre les intentions ; la Cour des Pairs n'a limité la défense que parce qu'elle a été induite en erreur sur un fait. Mais qu'importe, lorsque la défense n'a pas été libre, que ce défaut de liberté soit résulté d'une erreur involontaire ou de toute autre cause ?

Ainsi, lors même qu'il n'y aurait pas faux témoignage dans le sens de l'art. 445 du Code d'instruction criminelle, lorsque l'erreur de la Cour des Pairs relativement à la capitulation de Paris aurait été produite par une circonstance autre qu'une disposition mensongère, il n'y en aurait pas moins lieu à la révision pour défaut de liberté de la défense

Puisse la piété filiale des enfants de l'infortuné maréchal atteindre le but qu'elle poursuit ! Et puisse ce grand exemple fermer à jamais la carrière des réactions politiques également déplorable dans tous les temps et sous tous les gouvernements !

VATIMESNIL.

L'avocat soussigné, vu la consultation délibérée par M⁰ Marie, déclare y donner sa complète adhésion et adopter pleinement, sous les rapports des questions de droit qui ont été examinées et discutées avec autant de force que de raison, les puissantes considérations qui ont été présentées ;

Il estime que cette révision est sur-tout dans l'intérêt de la royauté nouvelle qui, née de la souveraineté populaire, a besoin de s'entourer de l'assentiment national, qui a constamment flétri l'inique condamnation de l'illustre maréchal, et qui regarde la révision demandée par sa famille comme un héritage légué au gouvernement, par la glorieuse révolution de juillet.

Paris, 8 février 1832.

CLERC LASALLE.

Le Conseil soussigné,

Vu la requête présentée au roi par la veuve et les enfants du maréchal Ney;

Vu aussi la Consultation rédigée par son confrère Me Marie, est d'avis,

Qu'il y a lieu à cassation, non à révision, de l'arrêt sanglant de 1815, rendu en violation du droit sacré de la défense et d'une convention non moins sacrée qui couvrait la personne de l'illustre maréchal;

Qu'au reste, le roi ne saurait refuser la convocation demandée de la Cour des Pairs, si tant est que cette convocation soit considérée comme une formalité nécessaire dans tous les cas;

Qu'enfin la Cour des Pairs peut et doit être saisie directement par les parties;

Et subsidiairement, que, dans le cas où la Cour des Pairs refuserait l'annulation demandée, il appartiendrait au pouvoir législatif, c'est-à-dire au Roi et aux deux Chambres, de statuer par une loi spéciale, réhabilitant la mémoire de l'infortuné maréchal, et annihilant l'arrêt et ses conséquences en ce qu'elles ont de réparable.

Délibéré à Paris, le 14 février 1832.

BOUCHENÉ LEFER.

J'estime que la Cour des Pairs n'étant soumise à aucun contrôle peut faire ce que tout autre juge ne pourrait faire; qu'ainsi, la révision peut être admise.

Mais, selon moi, les consultants doivent s'adresser directement, et dès à présent, à la Chambre des Pairs.

BOINVILLIERS.

Le Conseil soussigné

Est d'avis que la demande en révision du procès du maréchal Ney doit être portée directement devant la Chambre des Pairs; que la Chambre des Pairs doit recevoir cette demande, réviser le procès, et annuler la condamnation prononcée le 6 décembre 1815 contre le maréchal.

La Chambre des Pairs, considérée comme Cour de justice, est un pouvoir judiciaire en dehors du droit commun. Elle a reçu de la Charte sa haute juridiction; mais aucune loi ne lui a imposé des règles et une procédure spéciales. Dans les procès dont elle a connu jusqu'ici, sa compétence, l'instruction, les délibérations, la pénalité, ont été créées à son usage par son omnipotence. Aucun pouvoir dans l'État ne peut contester sa compétence, ou annuler ses arrêts. Il dépend donc d'*elle seule* de décider si la révision d'un procès jugé par elle, doit avoir lieu. C'est donc à *elle seule* que la famille Ney doit s'adresser pour obtenir la révision du procès du maréchal.

Et comme la Cour des Pairs n'est pas plus infaillible qu'aucune autre Cour de justice; comme elle est même plus accessible qu'aucun autre tribunal aux haines et aux passions du moment, puisqu'elle n'est appelée à juger que des procès politiques; comme il n'existe contre ses erreurs aucun recours possible aux autres pouvoirs de l'État, c'est une *nécessité* de son institution en haute Cour de justice, de pouvoir connaître des demandes en révision des condamnations qu'elle a prononcées. Elle a donc le droit et le devoir de recevoir la demande en révision du procès du maréchal Ney.

En fait, il est certain que la défense du maréchal Ney n'a pas été libre; que sa condamnation a été prononcée sous l'influence des baïonnettes étrangères, au mépris et en violation flagrante de l'art. 12 de la convention militaire du 3 juillet 1815, dont la lecture n'a pas même été permise à ses défenseurs. La convention du 3 juillet 1815 suffisait pour sauver le maréchal; elle aurait dû même empêcher de l'accuser. L'arrêt qui a interdit à ses défenseurs d'invoquer les dispositions protectrices de cette convention, et l'arrêt qui ensuite a ordonné la mort, sont contraires aux idées de justice et de condamnation légale qui sont professées par les législations des peuples civilisés, par l'his-

toire et par les traditions des Parlements et des Cours de France. La
Cour des Pairs doit donc s'empresser, d'abord par amour de la justice,
puis pour l'honneur du pays, pour le sien propre, et pour conserver à
ses arrêts l'autorité et le respect qui leur est nécessaire, d'annuler une
condamnation qui n'est, aux yeux des jurisconsultes, qu'un violent
abus de pouvoir.

Délibéré à Paris, le 14 février 1832.   P. BOUDET.

———————

L'avocat soussigné estime, 1° que la demande en révision est recevable, sans même qu'il soit besoin de la rattacher à l'art. 445, C.
inst. crim.; 2° que, soit en la forme, soit au fond, la Cour des Pairs
peut seule en connaître.

La Cour des Pairs exerce une juridiction d'une nature toute particu-
lière, fondée sur des considérations politiques, n'ayant son principe
que dans la Charte de 1814, et affranchie par cela même des règles
étroites qui, tracées dans les lois antérieures, forment notre droit
commun en matière criminelle. Du moins c'est ainsi que la Cour a
elle-même compris son pouvoir judiciaire, et qu'elle en a usé jusqu'ici,
sous le double rapport de la procédure et de l'application des peines.

A plus forte raison ne saurait-on lui contester le droit de révision,
droit si favorable d'ailleurs, puisqu'il tend à réparer (autant que possible) l'erreur commise au préjudice de l'accusé.

La Cour des Pairs est plus libre encore dans sa marche que les anciens
parlements. Or, le titre 16 de l'ordonnance de 1670, en consacrant le
principe de la révision, n'en avait pas limité les causes. Comment la
Cour des Pairs serait-elle aujourd'hui plus gênée, plus restreinte dans
l'exercice du même droit ? Autre analogie : la révision était alors con-
fiée aux Cours mêmes qui avaient rendu l'arrêt, et il est évident que
ce système est aussi le seul applicable aux arrêts de la Cour des Pairs,
qui ne reconnaît dans le royaume aucune juridiction égale ou supérieure à la sienne.

C'est donc à elle qu'il est exclusivement réservé de statuer sur toutes
les questions qui naissent de la demande ; et la seule chose que le gouvernement ait à faire, dans la circonstance, c'est de la convoquer à

cet effet, formalité qui serait même inutile, si la Cour était directement saisie par la réclamation des parties intéressées.

Paris, ce 15 février 1832.   PAILLET.

La condamnation du maréchal Ney a été prononcée au mépris de toutes les lois. Peut-elle être légalement révisée ? Je n'hésite pas à le croire. J'adopte pleinement et sans restriction les deux dernières résolutions de la Consultation. Quant à la résolution principale, je pense que devant la Chambre des Pairs, constituée en Cour de justice, agissant sans contrôle dans la sphère et la plénitude de ses hauts pouvoirs, cet article ne fait pas obstacle à la révision du procès ; que les cas de révision, notamment celui tiré de la violation du *droit essentiel* et sacré de la défense, doivent être pris en considération ; et qu'en annulant un arrêt qui fut un crime, la Chambre des Pairs ne fera qu'un usage légitime des droits que lui confère la loi constitutionnelle et politique du pays.

Paris, 2 février 1832.   GLANDAZ.

L'avocat soussigné estime, sur la première question, que l'interprétation donnée par le conseil, à l'art. 445 du Code d'instruction criminelle, est la seule logique et la seule vraie. En effet, si les termes de cet article semblent subordonner l'admission de la révision à la poursuite et à la condamnation du faux témoignage, c'est qu'ils supposent que jusques là le faux témoignage n'est qu'une présomption que la condamnation du faux témoin pourra seule convertir en preuve.

Mais si, par un moyen quelconque, la preuve du faux témoignage était acquise indépendamment de toute condamnation, et que la poursuite contre le faux témoin fût devenue impossible, il est clair qu'alors on ne saurait admettre la nécessité de cette poursuite et de cette condamnation ; autrement on placerait la présomption au-dessus de la preuve ; et les exigences de l'art. 445, ainsi interprétées auraient pour conséquence que la révision admissible, quand le faux témoignage présumé est susceptible d'être démontré, pourra être inadmissible dans le cas de faux témoignage prouvé à l'avance.

Cette conséquence qui blesserait toute raison et toute justice, démontre que l'art. 445 ne saurait être interprété dans un sens restrictif, et qu'il n'entend subordonner la révision à la condamnation du faux témoin que lorsque cette condamnation est nécessaire pour établir le faux témoignage, et non pas lorsque la preuve du faux témoignage existe avant toute condamnation, avant toute poursuite.

Or, dans l'espèce, la preuve du faux témoignage étant dès à présent acquise, ainsi que l'annoncent les consultants dans leur requête au roi du 23 novembre 1831, et la poursuite de ceux qui ont produit ce faux témoignage n'étant d'ailleurs pas possible, il est évident que la révision est admissible, et que l'art. 445 l'autorise, non avec les conditions de poursuite et de condamnation préalables portées au § 1er de cet art, mais dans la position de faux témoignage reconnue, qu'admet son § 2.

Le soussigné adhère, au surplus, à toutes les solutions du conseil sur les autres questions traitées dans la consultation.

Paris ce 29 janvier 1832. FLEURY.

Je suis d'avis que la demande est fondée, par les considérations présentées dans les deuxième et troisième questions, et par les motifs que je vais rapidement présenter.

La justice humaine est imparfaite sous deux points de vue principaux : 1° quelque latitude qu'on laisse aux juges, ils ne peuvent toujours tenir compte des motifs intérieurs qui ont poussé au crime, là où le crime est le même, la peine sera la même; 2° la justice humaine est sujette à l'erreur.

Le remède à la première imperfection, on l'a trouvé dans le droit de faire grâce, c'est-à-dire de faire remise de tout ou partie de la peine. Ce droit a été accordé au souverain, qui n'étant pas arrêté, comme les tribunaux, par des règles inflexibles, peut tenir compte des motifs plus ou moins excusables, qui ont pu entraîner à commettre une action répréhensible.

Mais si la société doit aux accusés justement condamnés un recours contre la sévérité de la justice quand quelque circonstance favorable les recommande à l'indulgence, que ne doit-elle pas à ceux qui sont victimes d'une erreur ; elle doit leur fournir les moyens de la faire reconnaître. C'est dans ce but que le législateur a admis la révision : mais ce moyen doit être nécessairement insuffisant par cela seul qu'il est de l'essence de toute législation positive de fixer des limites à tout droit, à toute faculté, à tout recours qu'elle accorde. Quelque favorable que le législateur soit à la révision, il limitera néanmoins ce droit ; eh bien, au-delà de ces limites quelque reculées qu'elles soient, il se présentera toujours une foule de cas dans lesquels l'erreur sera possible, probable. Faudra-t-il que le malheureux innocent reste frappé d'une condamnation injuste, parce que l'erreur dont il est la victime, n'apparaît pas accompagnée des circonstances exigées pour la révision. Cela ne peut pas être, il y aurait une révoltante contradiction dans la législation qui aurait trouvé moyen d'adoucir le sort de certains coupables, et qui resterait sourde aux réclamations d'une victime. Qu'on ne dise pas que le droit de grâce dont nous avons parlé lui sera applicable ; l'application de ce droit serait, en quelque sorte, pour l'innocent un nouveau malheur, puisqu'elle l'assimilerait au véritable coupable, ce serait une nouvelle condamnation ; et ce que veut la victime, c'est l'anéantissement de sa condamnation.

Que conclure de ces réflexions ? c'est que dans toute société bien constituée, s'il est nécessaire pour tempérer la sévérité de la justice d'accorder au souverain le droit de faire grâce, il est d'une nécessité bien plus indispensable de lui accorder le droit d'ordonner la révision des procès qui prononcent des condamnations, quand de graves présomptions s'élèvent en faveur du condamné. Car il est bien plus important de réparer les erreurs de la justice, que d'adoucir sa sévérité.

L'exercice de ce droit ne peut pas d'ailleurs, comme le pourrait celui de faire grâce, dégénérer en abus. Si le souverain accordait des grâces trop facilement, il diminuerait l'autorité des tribunaux ; ce qui serait un grand malheur : au lieu que par l'exercice du droit de révision, le souverain ne fait qu'en appeler à la justice elle-même contre sa propre décision, et si le souverain se trompe, ou a cédé à la faveur, les tribunaux, en maintenant leurs arrêts, sauront faire respecter leur autorité.

du maréchal Ney le droit de révision ; il se fonde sur les motifs déve-
loppés en la consultation , et encore sur ce que , 1º la Cour qui a prononcé est évidemment une Cour exceptionnelle qui ne peut être
assimilée ni au jury ni à la Cour d'assises. On ne peut donc , à l'égard
d'un arrêt prononcé par une semblable Cour, s'attacher uniquement
aux dispositions restrictives concernant une décision d'un jury ou
d'une Cour d'assises ; on doit se régler d'après l'équité et d'après les
principes de droit de tous les temps. 2º D'après les principes sur la
matière , non seulement l'erreur mais le mal jugé sont des motifs de
révision. « Au surplus , quoique l'erreur soit le principal moyen de
» révision , on peut employer de même tous ceux qui peuvent servir
» à établir l'innocence du condamné. On voit que l'ordonnance du
» mois de novembre 1749 avait admis la révision sur le seul fondement
» du mal jugé. » (Merlin , t. 4 du Répertoire, p. 17 et suiv.) Il est vrai
qu'il ajoute : « Ce serait en vain que pour fonder une demande en ré-
» vision , lorsqu'il n'est rien survenu de nouveau depuis le jugement ,
» on alléguerait que des preuves sur lesquelles la condamnation a été
» prononcée étaient insuffisantes. » Mais le moyen résultant de la convention militaire de Paris est nouveau , puisque la Cour n'a pas permis
qu'il fût présenté et plaidé ; tous les moyens sont même nouveaux ,
puisque la défense, dont on a arrêté le cours et la liberté , n'a pu avoir
lieu. 3º Le refus d'entendre le moyen résultant de la capitulation de
Paris est d'autant plus reprochable, qu'à la séance du 5 décembre 1815,
lorsque sur les dépositions relatives à cette capitulation, M. le maréchal Ney fit une observation , M. le chancelier répondit : « C'est dans
» le texte même de la capitulation que vous devez chercher des moyens
» pour cette partie de votre défense ; ainsi des explications et des
» commentaires sont inutiles. » Mais lorsqu'à la séance suivante , le
maréchal et ses Conseils ont voulu invoquer le texte même de cette capitulation, le procureur général et le chancelier s'y sont formellement
opposés. Il y a donc eu plus que défaut de liberté dans la défense. 4º Le
sénatus-consulte du 16 thermidor ne déroge en aucune manière aux
anciens principes sur le droit de révision ; et si on a pensé et décidé
que depuis ce sénatus-consulte la révision n'était plus admissible contre
la décision du jury, on a aussi été d'avis que la demande en grâce
accordée par ce sénatus-consulte n'était pas un effet de la clémence ,

Concluons donc qu'en bonne législation ce droit doit appartenir au souverain.

En fait, appartient-il au souverain français ?

Je le pense.

Le droit de faire grâce est accodé au roi par la Charte. Ce droit lui est accordé comme moyen de remédier aux inconvénients de la justice humaine. Ce droit de faire grâce doit donc s'exercer *dans ce but* ; or quel est ce but ? Il est *double*, 1° adoucir la sévérité de la justice dans certains cas ? Or ici en quoi peut consister la grâce, sinon dans la remise de tout ou partie de la peine ; 2° Quel est *l'autre but ?* réparer les erreurs de la justice. Or, de quelle manière peut ici s'exercer le droit de grâce, sinon en ordonnant la révision. Si la raison veut que le droit de faire grâce s'exerce sur un innocent plutôt que sur un coupable; si, d'autre part, la grâce d'un innocent consiste à lui fournir les moyens de prouver son innocence, comme la grâce d'un coupable à obtenir remise de la peine, tirons la conséquence inévitable, infaillible, que le droit de faire grâce emporte celui d'ordonner la révision du procès.

Mais si cette preuve avait besoin d'appui, je lui en trouverais dans ce qui s'est passé depuis la restauration. N'a-t-on pas maintenu tous les décrets et actes du gouvernement impérial, en tant du moins qu'ils n'étaient pas directement opposés aux principes consacrés par la Charte ; or, la décision prise à l'occasion de l'affaire Ellenbergh, ne doit pas être considérée comme un cas particulier, et qui ne doit pas tirer à conséquence. Cette pièce contient l'attribution du droit d'ordonner la révision des procès, et l'affaire Ellenbergh n'est que l'application de ce droit. Napoléon s'est donc reconnu le droit d'ordonner la révision des procès portant condamnation; pourquoi ce droit, si constitutionnel, si nécessaire, ne l'aurait-il pas transmis aux gouvernements qui ont suivi, lorsque l'on applique chaque jour des décrets qui sont très peu en harmonie avec nos institutions actuelles.

Paris, ce 1er février 1832.

FERRY.

Le Conseil soussigné est d'avis que l'on ne peut refuser à la famille de toutes les juridictions : il n'y a pour elle ni formalité rigoureuse, ni peine limitée par la loi : elle peut tout.,... Néanmoins l'arrêt par lequel elle a condamné le maréchal, est-il à l'abri d'une juste censure ?.

Ah ! sans doute, dans un temps de réactions, force a été de les respecter.

Mais, lorsque les passions sont appaisées, la raison reprend son empire, et l'on peut alors apprécier un tel acte à sa juste valeur.

C'est ce qui doit arriver aujourd'hui.

Si nos lois étaient impuissantes, ce serait peut-être un devoir public d'employer, contre les actes de la violence, la même omnipotence que celle qui les a produits, et en cela quel reproche d'illégalité pourrait-on faire ? Doit-on blàmer la justice lorsque, par quelques moyens que ce soit, elle répare les crimes ou les fautes de l'injustice ?

Mais, nos lois ne sont pas en défaut; car si des dispositions de l'art. 445 du Code d'instruction criminelle, résulte du moins le principe de la révision; moyen salutaire et indispensable toutes les fois que des faits irrécusables attestent l'innocence du condamné.

Les trois cas de révision prévus par le Code d'instruction criminelle sont fondés sur des preuves d'innocence légalement acquises après la condamnation.

Si l'on considère les principes de notre nouveau droit criminel, le mode d'instruction de la procédure, l'organisation des Cours d'assises et toutes les garanties données à la défense par la loi, on sera convaincu qu'il n'est guère possible de rencontrer d'autres cas où la révision soit nécessaire.

Mais, à l'égard de la juridiction exceptionnelle de la Cour des Pairs, il est impossible d'admettre, d'une manière absolue, les principes établis pour les Cours d'assises, parce que devant la Cour des Pairs, il n'y a ni jury, ni règles de procédure, ni loi de pénalité. Pour elle, tout est arbitraire : son droit c'est toute l'étendue de sa volonté ; elle peut en user jusqu'à l'abus.

Aussi, dans tous ses actes, la Cour des Pairs s'est-elle plutôt attachée à ce que faisaient autrefois les parlements, qu'aux règles de la loi nouvelle. Ce n'est, en effet, que dans les anciens usages qu'elle pouvait rechercher des précédents.

Si donc elle n'a pu voir quelques règles certaines pour l'exercice de mais un effet de la justice. Au surplus, non seulement le sénatus-consulte est sans application, puisqu'il ne s'agit pas d'une décision du jury ; mais il est évident que la famille Ney demande moins que ce que le sénatus-consulte donnerait le droit d'accorder ; elle ne demanderait pas la grâce, qui serait une justice, mais le droit de révision, le droit de faire décider que son auteur a été condamné injustement. 5o Enfin, sur ce que nul ne peut être privé du droit d'obtenir justice.

Il faut que justice soit rendue (non seulement contre l'accusé, mais aussi en sa faveur). Il n'y aurait pas de lois, qu'il faudrait agir et se régler selon l'équité. L'art. 4 du Code civil ne permet pas de refuser justice à la famille du maréchal Ney, sous prétexte de l'insuffisance de la loi.

La réclamation de la famille du maréchal Ney doit être régie par les anciens principes et par l'ancienne jurisprudence, et non uniquement par des principes nouveaux et restrictifs, applicables à une décision rendue par suite de la déclaration d'un jury.

Paris, ce 31 janvier 1832.

MALA.

. Le Conseil soussigné est d'avis que la demande en révision, formée contre l'arrêt de la Cour des Pairs, qui a condamné le maréchal Ney à la peine capitale, doit être accueillie.

Aux moyens si bien présentés par Me Marie, et si savamment discutés, le Conseil soussigné croit devoir ajouter les considérations suivantes :

Un arrêt interlocutoire, rendu pendant l'instruction de ce procès, a vicié la condamnation dans son principe. C'est celui qui défendit aux conseils du maréchal d'invoquer la capitulation de Paris.

Dire à un accusé : Il vous est défendu d'invoquer et de développer telle justification, c'est reconnaître la vérité de cette preuve, c'est en redouter l'effet, c'est dire enfin que l'on veut condamner l'innocent.

Or, peut-il exister une nation, tant soit peu civilisée, chez laquelle une telle décision ne soit pas regardée comme un assassinat judiciaire ?

Si une Cour d'assises agissait ainsi, sa décision serait incessamment brisée par la Cour de cassation. Mais la Cour des Pairs est au-dessus

son pouvoir, que dans l'ancien droit, c'est là que nous devons aussi chercher les garanties dues à ses justiciables. Eh bien! autrefois le droit de révision était accordé contre la violation des règles de la défense, et il suffisait qu'il fût prouvé que le condamné n'avait pas pu user librement du droit de se défendre, pour que la demande en révision fût accueillie. Les causes célèbres, jugées par les anciens parlements, nous fournissent une foule de monuments de cette vérité: nous ne citerons que celles de Jacques Cœur, en 1553, et d'Antoine Chabanne, en 1478.

Le maréchal Ney s'est trouvé précisément dans le même cas. Il n'a pas été défendu, puisqu'il n'a pas été permis à ses conseils de plaider sa justification; et ce fait est d'autant plus constant, que c'est un arrêt de la Cour des Pairs elle-même qui l'atteste.

Une condamnation, rendue dans ces termes, n'est qu'un acte de vioelnce. Rien ne saurait la justifier. Elle est nulle dans son principe, tellement qu'on ne peut pas dire que ce soit *une véritable décision judiciaire*.

S'il est vrai que, sous les anciens parlements, une demande en révision, formée dans un cas pareil, n'aurait pas éprouvé la moindre difficulté, pourquoi en serait il autrement aujourd'hui? Devons-nous être moins disposés à réparer les fautes de l'arbitraire lorsqu'elles nous apparaissent d'une manière aussi évidente.

La condamnation du maréchal Ney sera toujours un monument de deuil pour la France. A Dieu ne plaise que nous cherchions ici à réveiller des haines et des vengeances! Ceux qui l'ont condamné se sont laissé entraîner par les mouvements des passions politiques. C'est une erreur qu'il faut déplorer, et nous ne devons la relever et en demander la rétractation, que pour servir d'enseignement à l'avenir, et préserver, s'il est possible, les assemblées politiques de toute autre erreur de ce genre.

Délibéré à Paris, le 10 février 1832, par l'avocat aux conseils du Roi et à la Cour de cassation, soussigné.

LACOSTE.

FIN.